Research on the Financial Bonds issued by Policy Banks in the Process of Reform and Transition

改革转型中的政策性银行金融债券研究

◎ 陈剑　著

中国金融出版社

责任编辑：肖　炜
责任校对：刘　明
责任印制：程　颖

图书在版编目（CIP）数据

改革转型中的政策性银行金融债券研究（Gaige Zhuanxing Zhongde Zhengcexing Yinhang Jinrong Zhaiquan Yanjiu）/陈剑著. —北京：中国金融出版社，2014. 5

ISBN 978 - 7 - 5049 - 7172 - 2

Ⅰ. ①改…　Ⅱ. ①陈…　Ⅲ. ①政策性金融—债务—资金管理—研究—中国　Ⅳ. ①F832. 21

中国版本图书馆 CIP 数据核字（2013）第 248009 号

出版发行　中国金融出版社
社址　北京市丰台区益泽路 2 号
市场开发部　(010)63266347，63805472，63439533（传真）
网 上 书 店　http://www.chinafph.com
　　　　　(010)63286832，63365686（传真）
读者服务部　(010)66070833，62568380
邮编　100071
经销　新华书店
印刷　利兴印刷有限公司
尺寸　169 毫米 × 239 毫米
印张　13. 5
字数　169 千
版次　2014 年 5 月第 1 版
印次　2014 年 5 月第 1 次印刷
定价　35. 00 元
ISBN 978 - 7 - 5049 - 7172 - 2/F. 6732
如出现印装错误本社负责调换　联系电话（010）63263947

序　一

近年来，我国债券市场获得长足的发展，2013 年全年债券发行总量达 9. 03 万亿元，较 2012 年同比增长 11. 48%，净融资额为 3. 81 万亿元。截至 2013 年 12 月 31 日，我国债券市场债券存量达到了 29. 95 万亿元，较 2012 年底的 26. 2 万亿元同比增长 14. 31%；其中政策性银行金融债券存量为 10. 29 万亿元。然而，我国债券市场的整体发展仍处于初级阶段，债券存量仅占 2013 年全年 GDP 的 52. 65%，尽管较 2012 年增长了 2. 05 个百分点，但相比之下，2013 年美国的债券存量是当年 GDP 的两倍多①；随着利率市场化的继续深化以及直接融资政策的导向鼓励，我国债券市场的进一步发展空间仍然非常大。

政策性金融债券作为我国债券市场的重要组成部分（2013 年末政策性银行金融债券存量占债券总存量的 29. 27%，占金融债券存量的 84. 23%），承担着除融资外更多的政策性职能。过去的研究表明，政策性金融债券可以保证国家政策性信贷的正常运行，进而对经济产生重要的推动作用，特别是在第二次世界大战后，德国、韩国相继成立了政策性银行，通过发行政策性金融债券筹资放贷，大大地加快了战后的经济复苏。1994 年，借鉴国际经验，我国成立了三大政策性银行——国家开发银行、中国农业发展银行、中国进出口银

① 截至 2013 年 12 月 31 日，美国债券市场未偿还金额总计为 39. 88 万亿美元，美国 2013 年全年 GDP（现价）为 16. 80 万亿美元，2013 年年末债券存量占当年 GDP 的 237%。

行。随着政策性银行的诞生，我国的政策性金融债券市场应运而生。截至2013年12月31日，三大政策性银行发行的金融债券仅托管在中债的就高达8.87万亿元，占据了中债托管总量的33.98%，是仅次于国债的第二大券种。政策性金融债券在我国的发展已经有整整20年的历史，从定向发行到公开市场招标，从固定利率品种到浮动利率品种，从中短期限品种到超长期限品种，其发行手段和机制日趋成熟，市场地位也日益提高。但与之不相适应的是，国内债券研究文献更多地集中于国债与信用债，政策性金融债券的理论研究形成了一定的空白，其重要性也被逐步忽视，在一定程度上政策性金融债券的发展深化缺乏明确的方向。

处于改革转型中的政策性银行一直以发行金融债券为主要资金来源，政策性银行金融债券的发展与政策性银行的融资状况息息相关，同时其投资属性也为商业银行调节金融资产、实现资源优化配置提供了一条重要途径。研究如何实现政策性银行金融债券与债券市场的协调发展，如何进一步推进转型中的政策性银行金融债券的健康发展，从而更好地促进政策性银行发展等问题均具有重要的实践意义。陈剑博士基于对政策性银行多年监管实践所著的《改革转型中的政策性银行金融债券研究》一书，根据债券市场大发展的背景，剖析了我国政策性金融债券进一步创新的必要性与可行性，借鉴国外的先行经验，从我国政策性金融债券融资来源、发行承销、产品设计及监管制度等方面进行了阐述。书中运用主成分分析、GARCH模型等计量手段，对政策性金融债券的收益率进行分析，研究其包含信息的相关性与波动的集聚性。运用VAR模型、Granger因果检验和脉冲响应等方法，研究货币政策对政策性金融债券收益率的影响。从交易制度、交易成本、市场透明度、交易品种、市场参与者和宏观因素六个维度出发，讨论了政策性金融债券流动性的影响因素。通过对信用债券的信用等级调降来模拟政策性金融债券的信用风险权重变化对商业银行资本充足率的冲击，探讨政策性金融债券影响我国商业银行资本的内在机制。最后，在对政策性金融债券的收益率、流动性与风险研究基础上，给出了推进政策性银行市场改革的展望以及加快政策性金融债券创新的政策建议。

希望本书能够激发学术界以及金融实务界对我国政策性银行改革以及政策性银行金融债券发展更为理性、专业和富有建设性的思考。

是为序，也希望陈剑博士继续努力，结合本职工作深入研究和思考，研究出更多有价值的成果。

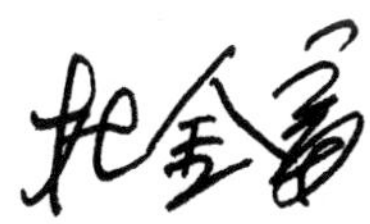

2014 年 4 月于北京金融街

序　二

发展政策性银行金融债券市场的积极探索

2013年初，债市监管力度明显加大，银行间债市也更多地进入公众视野，同时也有越来越多的投资者开始关注债券市场中三分天下有其一的政策性银行金融债券。此类债券品种在中国长期享有准国债的地位，但和真正的国债又有显著差别。随着中国金融改革的不断深化，中国政策性银行独特的资金来源、定位、功能等特点使得政策性银行发行的金融债券呈现出独特的风险收益特性，加之政策性金融债券庞大的体量以及银行间债市作为货币政策调控的重要场所，使得政策性金融债券问题成为同时具有重要的理论价值和现实价值的一个课题。

从发展历程来考察，中国政策性银行金融债券跨越式发展的历史从特定意义上可以说是中国金融市场化的一个有机组成部分，从1998年发行第一期、350亿元，到2012年发行173期、共计2.12万亿元；余额从零到8万亿元；发行方式从行政派购到全部市场化招标；从单一品种发展到十数种。

中国政策性银行金融债券的大发展既是金融市场化的产物，也在很大程度上加速了债券市场的市场化进程。政策性银行金融债券的发债主体的确立，当属中国金融市场化改革里程碑事件之一。1994年4月，为了深化金融体制改革，中国成立了国家开发银行（以下简称“国开行”）、中国进出口银行和中国农业发展银行，实现了政策性金融与商业银行金融的分离；政策性银行金融债券的发行方式同样也充分彰显了中国债券市场发行体制从行政主导型到市场驱动型的嬗变。鉴于早期行政派购的弊端，国开行从1998年9月开始在银行间债市以市场化方式发行金融债券，2000年之后政策性金融债券全部采用市场化发行。另外，政策性银行在银行间债市大规模发行债券极大地支持了中国人民银行的货币政策调控方式的逐步转换，同时也为刚从交易所市场退出的众多商业银行提供了多样化的投资标的和灵活的资产负债管理工具。

政策性银行在债券市场上，在利率机制、期限结构、债券品种、投资人选择权等方面不断推陈出新，推出了多样化的债券品种以满足不同投资者的投资需求，拓展了债券市场的广度和深度。例如，国开行率先在国内推出20年期和30年期的长期品种，形成了从3个月至30年银行间市场收益率曲线；先后推出浮动利率债券、投资人选择权债券、发行人选择权债券、资产支持证券、香港人民币债券等；此外，国开行还涉足对称债券、本息分离债券（STRIPs）等产品的发行。正是由于以国开行为代表的政策性银行不断创新，银行间债市吸引了越来越多不同类型的投资者，促进了债券市场的多元化。

然而，政策性银行金融债券市场在急速扩容的同时也存在一些问题亟待解决。就金融债券发行与交易环节来说，一级市场、一级半市场上的寻租空间引人关注，二级市场上代持养券、丙类户利益输送等问题广受批评，成为政策性银行金融债券市场进一步发展的一大挑战。一种看法认为：要防止利益输送，那将报价交易改成类似交易所的竞价交易不就可以了？但是，银行间市场大宗交易的性质决定了竞价交易难以满足其需求。另一种看法认为：涉及利益输送的都是丙类户，那么禁止丙类户开户就可以了。可是，丙类户中也有很多正常账户，禁止其开户影响到银行理财、信托、券商资管等正常交易需求。问题的关键在于，银行间债市满足机构客户的高效率是其存在和发展的理由，我们需要在效率和安全之间找一个平衡。在完善监管和规章制度下对金融债的承销发行、定价、交易、托管以及清算各个环节进一步市场化运作既可以保持市场效率，又在很大程度上抑制违规活动。譬如，在发行承销环节取消点差保护，以压缩一级半市场的空间以及一级、二级市场之间的价差，能够显著减少该环节的寻租活动。

比发行和交易规则市场化更为紧迫的是，政策性银行金融债券的发行主体——政策性银行急需改革。尽管2008年底国开行就挂牌成立了股份有限公司，但迄今为止，政策性银行改革的具体模式仍处于探索中。目前，政策性银行还存在诸多问题：在资金运用方面，政策性银行业务单一、有的政策性银行的不良贷款余额和不良贷款率居高不下、风险治理结构及激励约束机制缺位；在资金来源方面，资本充足率偏低，缺乏健全的资本金补充机制、资金来源渠道单一、资产负债期限错配、负债成本高而投资收益低。只有不断深化改革才能够帮助政策性银行建立激励约束机制、建立多元化资金来源并健全风险补偿机制，最终更好地为国家的产业政策和社会经济发展战略目标服务。

然而，任何改革都不是无风险的，以国开行为例，在该行市场化机制发挥更大作用的同时，国家信用的逐步退出是否会引发债信的大幅波动，对商业银行的资本充足率造成过大冲击？改革会不会造成市场波动明显放大，这其中的系统性风险是否可控？

尤其值得一提的是，政策性银行的债信问题一直是一个敏感而相当重要的问题，如果国开行在商业化转型后不能享有国家信用，商业银行面临着其持有的4万亿元国开债风险权重从零上升到25%的状况，其对国开债的需求将大幅削减，而国开行债信的可能变化究竟会在多大程度上影响商业银行的资本充足率？这些都是政策性银行市场化改革所蕴含的潜在风险。

围绕上述问题，陈剑博士撰写的《改革转型中的政策性银行金融债券研究》结合了规范分析与实证分析，在掌握翔实数据的基础上对政策性银行金融债券收益率曲线受期限结构、货币政策、流动性及信用风险等因素影响情况进行了实证分析，阐明了改革和创新是政策性银行金融债券未来的发展方向。作者在梳理中国政策性银行发展历程和总结国内外学者经验的基础上，立足于当下的金融架构和经济体系，对政策性银行的市场化改革在宏观上是否能够起到优化资源配置，提高经济体运行效率；在微观层面作为其资金来源的政策性银行金融债券是否能够提高债券市场运行的效率，是否能够加快市场信息的吸收，更好地满足债券市场上多样化主体的投融资需求这个假设进行了分析。本书从理论上论证了金融市场化改革能够提高债券市场效率，并且改革的过程中的系统性风险可控。作者在研究政策性银行金融债券信用风险时突破了传统的“绝对违约”的框架，将信用风险测度拓展到借款人信用评级变动和履约能力变化导致其债券市场价值变动而引起损失的可能性，并且采用情景分析法与数值模拟法研究政策性银行金融债券信用级别下降及风险权重变化对投资者的潜在损失。我想，这本书不仅适合金融市场从业人员、政府和研究机构的经济管理和研究人员阅读，对经济和金融感兴趣的大专院校在校学生和老师等也将有所裨益。

值此付梓之际，特作此序。

2014 年 4 月于美国哥伦比亚大学

摘　　要

经过三十余年的渐进式改革，中国经济发展模式已经从计划经济步入市场经济，但中国金融改革依然任重道远。政策性银行的成立具有独特的经济背景，随着发展环境的变化，其内生性改革动力亦不断增强。中央经济工作会议已明确提出，未来国家开发银行、中国进出口银行和中国农业发展银行要按照“一行一策”的原则逐步进行改革。政策性银行以发行金融债券为主要资金来源，而其发行的金融债券已成为国内债券市场规模第二大的券种。同时，政策性银行金融债又因享有国家主权信用，其风险等级与国债相同。然而，随着政策性银行的改革转型，其发行债券的风险权重由享有国家主权信用的零风险权重即将转为具有商业机构性质的20%的风险权重。在转型期间，政策性银行金融债券的属性将表现出新的特点。收益率、波动性和流动性是金融资产共有的三大属性，分别体现了资产的收益性、安全性和变现能力。本书以政策性银行的转型为研究背景，以政策性银行金融债的收益和风险为出发点，全面系统地研究了其利率期限结构、市场风险、流动性风险和信用风险，并结合理论与实证研究的结果提出了相应的政策建议。

本书旨在运用理论与实践相结合的分析框架与方法，引用经济学的其他分支以及数学的重要原理，同时在翔实的数据基础上运用计量方法对转型期的政策性银行金融债进行研究。在理论方面，本书回顾了中国政策性银行及政策性银行金融债券的发展历程，综述了政策性银行金融债券的研究文献，阐明了政策性银行金融债券与政策性银行的关系，探讨了政策性银行金融债券发行与交易的意义等。在实证方面，结合中国政策性银行的相关数据对政策性银行金融债券的利率期限结构、市场风险、流动性风险、信用风险逐一进行分析，进而研究政策性银行金融债券满足政策性银行融资需求及商业银行调节资产配置需求的作用机制。

本书采用主成分析法提取出独立成分对利率期限结构进行替代，提取出了代表水平移动成分、斜率变动成分和曲线变动成分的三个主成分，发现政策性银行金融债券收益率曲线水平因素影响非常大，而倾斜因素与曲度因素影响很小，表现出市场对政策性银行金融债券的投资趋于理性，没有出现较多的债券集中炒作和过度投机现象。

通过 VAR - GARCH 模型的经验分析表明，通货膨胀率越高，政策性银行金融债券收益率越低。通货膨胀代表资金流动性充裕，商业银行基于资产调整效应、财富效应以及市场预期效应造成政策性银行金融债券价格上涨，从而收益率降低。从紧的货币政策也将通过上述效应提高政策性银行金融债券收益率。这说明我国银行间债券市场的传导机制存在一定的连带性。Granger 因果检验和脉冲响应结论表明中央银行的货币政策改变对政策性银行金融债券收益率造成了影响，且通货膨胀的预期冲击具有持久性，投资者对中央银行货币政策持信任态度。

本书使用聚类分析的方法对众多备选的流动性衡量指标进行降维，发现政策性银行金融债券流动性总体呈现出平稳上升的态势，从 2005 年 9 月开始，不仅流动性的波动水平大大减小了，更呈现出平稳上升的趋势，特别是 2007 年以后，政策性银行金融债券的流动性有了很大的改善，同时发现交易的活跃程度和竞争程度与证券的流动性负相关，信息、风险与流动性正相关。

结合中国金融债市场的具体情况，本书采用情景分析法模拟了政策性银行金融债券的信用评级变化对债券持有人和金融市场的影响，通过选取一组风险因素作为所需要的测试情景，分析测试对象在该情景下可能受到的最大损失。研究发现下调信用评级会对债券持有人造成损失，调整幅度越大、调整期限越长对债券持有者造成的损失就越大，此外，还会加剧债券市场价格的波动，增加系统性风险。本书基于实证研究分析计算了在不同风险权重下，银行间市场做市商的16家国内商业银行的资本充足率的变化，研究发现在核心资产不变的情况下，商业银行的资本充足率会下降，但是这种冲击造成的影响并不大，即使风险权重增加到最大值20%，16家银行依旧满足巴塞尔资本协议规定的商业银行资本充足率不得低于8%的要求。

目　　录

第1章　绪　　论

1.1　研究背景

1994年4月，为了深化金融体制改革，实现政策性金融与商业性金融的分离，中国成立了国家开发银行（以下简称“国开行”）、中国进出口银行（以下简称“进出口行”）和中国农业发展银行（以下简称“农发行”）三家政策性银行，2001年又组建了中国出口信用保险公司，形成了我国的政策性金融体系。政策性银行以发行金融债券为主要资金来源，其金融债券的发行起初以行政摊派为主，而后于1998年9月开始市场化运作，1999年实行市场化与派购双轨过渡，2000年全部实现市场化发债。经过数年创新及市场化实践，政策性银行金融债券实现了跨越式的发展。截至2013年，经历了19年的发展之后，政策性银行金融债券已经成为国内债券市场中规模仅次于国债的券种。据统计，2007年政策性银行金融债券发行规模首次超过1万亿元，2012年政策性银行金融债券共计发行173期，累计金额2.12万亿元，发行期数和规模较2011年分别上升了63.05%和11.18%。截至2012年末，国债的发行额度为38.4万亿元，金融债券的发行额度为14.13万亿元，其中三家政策性银行发行12.58万亿元，占金融债券发行额度的89.03%。从存量来看，2013年政策性银行金融债券余额接近8万亿元，约占债券市场总量的1/3。国开行、进出口行、农发行债券余额分别为5.21万亿元、1.08万亿元和1.45万亿元，合计7.74万亿元。

近年来，随着经济金融改革深化，政策性金融机构在运行过程中出现不少问题，如传统的职能定位不适应新时期经济发展要求，未建立起健全的内部治理结构，不良贷款余额和不良贷款率居高不下导致其业务和经营不可持续等。受外部环境和内部自身矛盾的制约，政策性银行必须改革，以适应市场经济的发展，在国家的经济建设中继续发挥作用。2007年，中央经济工作会议和全国金融工作会议明确了政策性银行改革转型的发展思路，由于国开行在开发性金融的基础上实现了良好的经济效益和社会效益，市场化程度相对较高，改革阻力相对较小，因此成为政策性银行商业化转型的第一家试点银行。2008年底，国开行挂牌成立了国家开发银行股份有限公司，标志着中国政策性银行商业化改革转型已拉开帷幕。

政策性金融机构以国家信用为基础，政策性银行债券过去一直享有债信零风险权重的“红利”，从而能够持续以较低成本在债券市场融资。债信零风险权重意味着投资政策性银行发行的债券不会占用商业银行核心资本，无需计入拨备，也不会受到授信集中度或投资集中度的限制。然而，转型后的政策性银行不会无限期地享用零风险的债券信用风险权重，以国开行为例，国开行商业化转型意味着国开行未来将不再享有主权信用，今后也会出现债信问题，会极大地影响市场对国开行债券的需求和估值。2013年1月起实施的《商业银行资本管理办法（试行）》规定，商业银行对我国政策性银行债权的风险权重为零，对我国其他商业银行债权的风险权重为25%。未来一旦国开行不再享有政策性银行的债信待遇，商业银行持有的4万亿元国开行债券很可能变成25%的风险权重，将拉低商业银行资本充足率。

结合上述背景，本书基于利率期限结构和风险视角分析研究转型期政策性银行金融债券的相关问题。

1.2　研究意义

政策性银行金融债券是债券市场的重要组成部分，其规模巨大，约占国内债券市场总额的三分之一。我国的政策性银行金融债券由于享有国家级信用，由国家信用为之担保，其风险等级与国债相同，然而，随着商业化改革转型的深入，政策性银行及其发行的金融债券会出现一些新的特征，对我国投资政策性银行金融债券的商业银行等机构投资者产生深远影响。以国开行为例，在政策性银行金融债券中，国开行的发行频次、发行数量和债券余额是最多的。未来随着国开行商业化转型，其风险权重从零风险权重即将转变为商业化的20%～25%的风险权重。在转型期间，政策性银行金融债券的属性表现出一些新的特点。收益率、波动性和流动性是金融资产共有的三大属性，分别体现了资产的收益性、安全性和变现能力。本书以政策性银行的转型为研究背景，以政策性银行金融债券的收益和风险为出发点，全面系统地研究了其利率期限结构、市场风险、流动性风险和信用风险，并结合理论与实证研究的结果提出了相应的政策建议。

本书研究的现实意义主要体现在以下两个方面：

从宏观经济发展角度进行观察，经过三十余年的渐进式改革，中国经济发展模式已经从计划经济步入市场经济，但中国金融业的市场化改革依然任重道远。金融市场化在调节金融资源配置、提高社会经济效率等方面发挥着基础性的不可替代的作用，金融市场化在新兴经济体现行金融架构下如何有效发挥资源配置的作用是一个极具挑战性的课题。政策性银行的成立具有独特的经济背景，其发展壮大对我国经济发展起到积极的促进作用。鉴于债券市场发展状况是衡量一国金融业是否发达的重要标准之一，而政策性银行金融债券的诞生和发展又是金融市场化改革的重要内容之一，因此积极研究如何推进转型中的政策性银行金融债券的健康发展对我国经济发展有着重要的实践意义。

从银行和债券市场发展的微观角度出发，政策性银行金融债券作为我国债券市场发行规模第二大的券种，其发展与政策性银行的融资状况息息相关，同时其投资属性也为商业银行调节金融资产、实现资源优化配置提供了一条重要途径。因此研究如何实现政策性银行金融债券与债券市场的协调发展，如何进一步推进转型中的政策性银行金融债券的健康发展，从而更好地促进政策性银行发展等问题均具有重要的实践意义。分析研究转型中的政策性银行金融债券问题，涉及对政策性银行金融债券的收益率、流动性、信用风险等问题的研究，而金融资产的收益性、流动性与风险性又是金融学理论的重要研究内容。因此对政策性银行金融债券进行系统深入的研究，不仅对我国经济发展具有积极的应用价值，而且具有重要的理论价值。

1.3 研究方法

1.3.1 研究角度和方法

本书通过对政策性银行金融债券相关文献的回顾总结，基于政策性银行金融债券的创新发展历程，分析研究了转型中的政策性银行金融债券的利率期限结构和收益性、市场风险、流动性风险以及信用风险等主要特征，并结合我国的实际情况对当前我国政策性银行金融债券的发展进行实证分析。作为政策性银行金融债券的发行主体，本书对政策性银行的发展历程及未来展望也进行了分析。

本书坚持理论分析与计量分析相结合的研究方法。在研究过程中，本书采取经济学的基本分析方法，综合运用定性和定量相结合的方法。在定性分析中，本书对政策性银行金融债券的发展历程及未来发展方向进行了总结及展望。在定量分析中，本书特别重视实证分析的计量模型与我国债券发展现实情况的结合。本书在研究过程中注重规范分析与实证分析的结合，既对政策性银行金融债券收益率曲线受期限结构、货币政策、流动性及信用风险等因素影响的实际情况进行了基于数据的实证分析，又在此基础上论述了本书的观点及政策建议，即转型中的政策性银行金融债券在我国应该如何发展，以及如何促进其进一步创新。本书始终坚持理论与实践相结合的方法，坚持理论为实践服务的原则，将政策性银行金融债券理论与现实运作中发生的情况相结合，分析政策性银行金融债券与货币政策、政策性银行金融债券与商业银行的相关性等问题，思考如何促进转型中的政策性银行金融债券的健康发展，从而更好地为中国经济发展服务。

1.3.2 研究工具

本书的研究工具主要涉及微观经济学、计量经济学、数学随机分析、统计学、会计学等。运用的计量软件主要为 EVIEWS6.0 、STATA10.1、EXCEL2007、SAS 等。本书各章节涉及的大部分主要研究方法及研究工具如表 1-1 所示。

表 1-1　　　　　　　　研究方法及研究工具

章节	研究方法	主要研究工具
第 1 章	规范研究	相关理论
第 2 章	规范研究	相关理论、事实资料
第 3 章	规范研究	相关文献、现实背景等
第 4 章	计量分析	宏观经济学、时间序列计量、eviews、stata 等
第 5 章	实证研究	相关理论、面板计量、excel 等
第 6 章	实证研究	微观经济学、相关理论、面板计量、模拟分析等
第 7 章	实证研究	微观经济学、相关理论、面板计量、模拟分析等
第 8 章	规范研究	相关理论、现实背景等

1.4　研究思路和结构安排

1.4.1　本书的研究思路

本书旨在分析转型中的政策性银行金融债券的发展情况，总结其发展历史，研究其利率期限结构和风险特征，并探讨如何促进其发挥创新性及展望我国政策性银行金融债券的未来。本书在引用并评述现有文献的基础上，按照政策性银行金融债券的发展历史、收益率利率期限结构、流动性风险、信用风险及创新的层次脉络进行展开，每部分总体上按照相关事实背景的分析—理论分析—实证分析—总结结论的逻辑脉络进行阐述。

具体说来，随着我国债券市场的发展，政策性银行金融债券已经成为发行规模仅次于国债的第二大券种，研究政策性银行金融债券具有重要的现实意义。本书首先介绍其发展历史及其相关理论，同时简要介绍了作为发行主体的政策性银行及其他相关理论，通过对政策性银行金融债券本身的分析之后，本书就政策性银行金融债券面临的问题及其创新性进行探讨，以国开行为例进行分析，并对德国、日本、韩国、新加坡、法国等国家的政策性金融进行了比较分析。为了充分系统地对政策性银行金融债券进行研究，本书根据一般金融资产的特征，就政策性银行金融债券的收益性、流动性、风险性分别进行详细论述，并在事实背景和传统理论的基础上对我国政策性银行金融债券的实际情况进行计量分析。规范和实证分析之后，本书总结了转型中的政策性银行金融债券的研究情况并提出了相应的政策建议。

1.4.2　文章的结构安排

根据上述研究思路，本书共分为八章。其中，第 1 章为绪论，第 2 章为文献综述，第 8 章为结论与未来研究方向展望，第 3 章、第 4 章、第 5 章、第 6 章、第 7 章为本书的主体部分。图 1－1 描述了各章之间的逻辑关系。

第 1 章绪论，阐明问题提出的背景、研究思路、研究方法、研究特点，以及本书的创新点等。

第 2 章文献综述，总结和评述国内外研究政策性银行金融债券的重要文献，确立本书研究的出发点。

第 3 章阐述政策性银行金融债券的基础理论，并论述了中国政策性银行及金融债券的发展情况。首先，从政策性银行金融债券存在的问题、创新的优势两方面论证和分析了政策性银行金融债券创新的必要性与可行性。其次，从政策性银行金融债券的国际经验中探寻对中国政策性银行金融债券创新的启示。最后，从国开行的创新情况、中国金融债券融资来源、发行与承销、产品设计及监管创新等几个方面阐述了推进中国政策性金融创新与发展的思路。

第 4 章对政策性银行金融债券的利率期限结构和收益率进行研

究，运用主成分分析及 VAR－GARCH 模型对政策性银行金融债券收益率曲线及利率期限结构进行理论分析。结论表明，政策性银行金融债券利率期限结构可以用少数主成分因子进行分析，其收益率波动性同其他利率产品一样存在波动集聚性；运用时间序列 VAR 模型、Granger 因果检验和脉冲响应分析研究货币政策对政策性银行金融债券收益率的影响，结论表明中央银行货币政策的改变对政策性银行金融债券收益率造成了影响，且通货膨胀的预期冲击具有持久性，投资者对中央银行货币政策持信任态度。

第 5 章对政策性银行金融债券收益率的波动性进行研究，这种波动性是市场风险的表现，本书建立了 VAR－GARCH 模型，并结合 1 年期、3 年期、5 年期、10 年期、20 年期和 30 年期的政策性银行金融债券进行实证分析。此外，本章还通过构建虚拟变量的办法分析了国开行商业化改革以后其金融债券市场风险的变化情况。

第 6 章探讨在银行间市场交易的政策性银行金融债券的流动性风险。分析了中国政策性银行金融债券流动性的基本问题，并从交易制度、交易成本、市场透明度、交易品种、市场参与者等方面分析研究对政策性银行金融债券流动性产生的影响。对债券流动性的测量方法进行梳理，并采取有效的多元指标对中国政策性银行金融债券的流动性进行测算。对影响中国政策性银行金融债券流动性主要因素进行实证分析的结果表明，债券的平均每笔交易量、风险、剩余期限和票面利率对中国政策性银行金融债券的流动性存在显著影响。其中，交易量对中国政策性银行金融债券流动性存在正向影响，而信息透明度和发行规模不存在显著影响。结合 VAR－GARCH 模型研究了流动性的波动特性，即流动性风险的特征。从品种创新、发行频率、做市商制度等方面提出了提高中国政策性银行金融债券流动性的措施。

第 7 章从银行的自身质量、政府支持因素、宏观经济周期三个方面分析了中国政策性银行金融债券信用风险的决定因素，并对政策性银行金融债券的信用评级要素进行了总结；结合我国政策性银行的现有运作机制，分析信用等级变化对债券持有人、债券价格、债券市场风险的影响；探讨政策性银行金融债券风险权重的变化对商业银行资本充足率的影响，模拟结果表明随着风险权重的增加，商业银行的资本充足率会下降。

第 8 章为本书的结论和未来的研究方向展望。

本书的内容与结构关系见图 1－1。

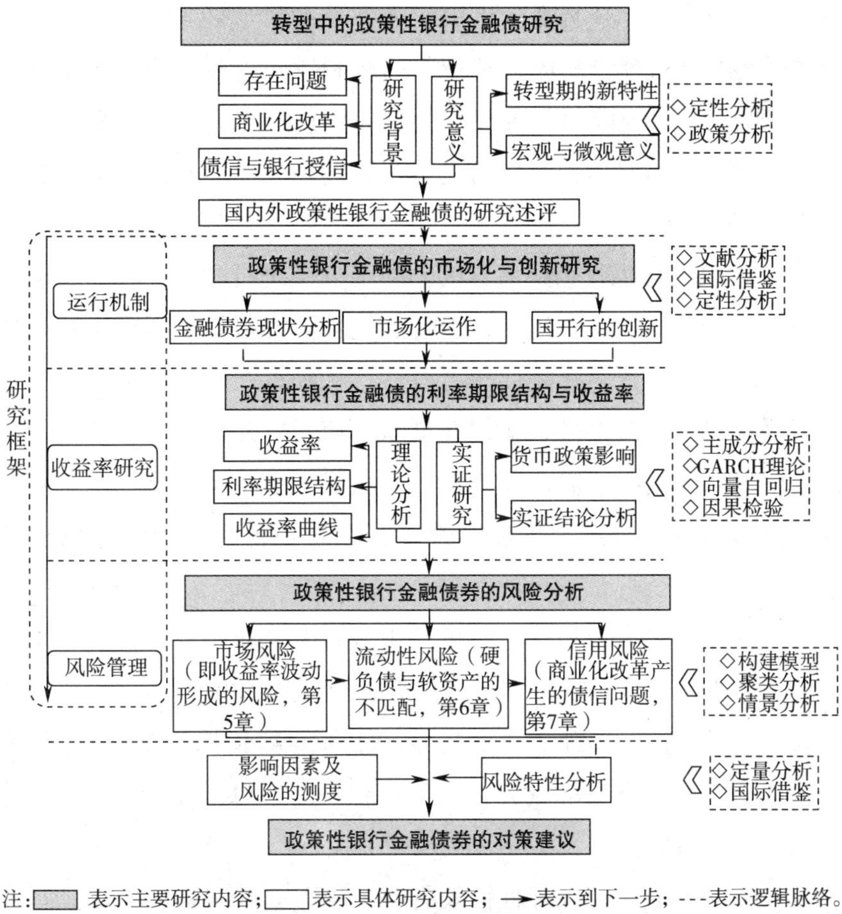

图 1－1 主要研究内容与结构关系图

1.5 主要创新点

虽然政策性银行金融债券以发行规模衡量已经成为我国债券市场的第二大券种，但国内文献对债券收益性的研究多集中于国债，对流动性和风险性的研究多集中于公司债。根据金融资产的特征（收益性、流动性和风险性）就政策性银行金融债券进行系统性研究的文献并不多见。在实证分析中，本书第 4 章至第 7 章着重分析了政策性银行金融债券的收益率期限结构和风险（包括市场风险、流动性风险和信用风险）情况。在规范分析中，本书第 3 章就政策性银行金融债券的市场化与创新进行了论述。具体而言，本书的创新有以下四点：

1. 对政策性银行金融债券的创新与发展进行规范研究。从政策性银行金融债券存在的问题、创新的优势两方面分析论证了政策性银行金融债券创新的必要性与可行性。从政策性金融的国际经验中探寻对我国政策性银行金融债券创新的启示，并从国开行的创新情况、中国金融债券融资来源、发行与承销、产品设计及监管创新等几个方面阐述了推进中国政策性银行金融债券创新与发展的整体思路。

2. 采用主成分分析法对政策性银行金融债券收益率期限结构进行具体分析。通过对各种期限下的政策性银行金融债券收益率曲线进行主成分分析；提取 3 个主成分，分别代表水平移动成分、斜率变动成分以及曲率变动成分，把多个相关的信息变化指标转化为 3 类综合信息指标。

3. 本书构建了能捕捉杠杆效应的 TGARCH 模型。研究国开行商业化改革后，其金融债券收益率波动的聚集性和非对称性，发现商业化改革后国开行金融债券收益率吸收信息速度加快，市场效率进一步提高。

4. 目前中国政策性银行金融债券并不存在绝对违约现象。本书尝试突破既有文献对信用风险局限于“绝对违约”的限制，研究囊括了借款人信用评级变动和履约能力变化导致其债券市场价值变动而引起损失的可能性，采用情景分析法与数值模拟法研究政策性银行金融债券信用级别下降及风险权重变化对投资主体的影响。研究发现下调信用评级对债券持有人造成的损失，调整幅度越大、期限越长对债券持有者造成的损失越大，还会加剧债券市场价格的波动，增加系统性风险。

第 2 章　文献综述和基本理论

政策性金融机构首次出现在法国，即组建于 1852 年的 the Credit Foncier 和 the Credit Mobilier 两家法国银行。William Diamond（1957）认为，设立它们的最初目的主要是为在国民经济中具有重要地位的工业和铁路的发展提供金额巨大的低利率贷款（低于同期的市场利率），促进这些关键部门的发展，这也减少了政府支出的补贴。自此，类似的金融机构在一些西欧国家陆续组建。进入 20 世纪，尤其是第二次世界大战以后，为了尽快恢复生产，越来越多的国家开始组建各类政策性金融机构，发行金融债券，政策性金融机构逐渐成为国家金融体系中重要的组成部分。随着政策性银行金融债券的不断向前演进，许多专家和学者开始对其进行广泛的关注，他们各执观点，从不同角度展开了讨论，已积累很多研究成果，从而为人们加深对政策性金融机构的理解和对其进行深入的研究奠定了基础。

2.1　政策性银行公开发行金融债券的基本理论

2.1.1　政策性银行的特征

政策性银行一般是指由政府创立、参股并保证的、专门承担政策性金融业务的金融机构。它不以营利或利润最大化为目的，主要为贯彻落实政府经济政策及产业政策等，而在特定的业务领域内，通过直接或者间接地从事政策性融资活动，满足社会经济生活的需要或实现宏观经济目标等。

中国的政策性银行是在计划经济向市场经济过渡中产生的，其金融业务受中国人民银行的指导、监督和管理。1994 年，国家开发银行、中国农业发展银行和中国进出口银行三大政策性银行设立，同时将四大国有商业银行原有的政策性职能剥离出来，切断了政策性业务与商业经营性业务之间的联系。这一重要举措加速了国有银行的商业化，也为确立中央银行的独立性创造了条件。由此，政策性银行作为一个独立的金融体系在我国正式建立。三大政策性银行自成立以来，在优化经济结构、支持基础设施建设、贯彻落实国家产业政策、支持中小企业和地区经济发展和促进国民经济持续、稳定发展等方面起到了重要的作用。

政策性银行是我国新出现的一种新型法人，具有独立的法人地位。我国政策性银行的政策性融资活动有其独特的特点，由于其资金来源的政府主导性和资金运用中的银行中介性，使其具有政府与金融相互渗透、相互利用的特点，这既体现了其经济利益的社会公共性，也体现了特定的角色责任，因而政策性银行从本质上来看，是典型的经济法上的特有主体。其性质主要体现在四个方面。

（1）政策性

政策性包括三项内容：一是执行国家的宏观经济政策，要从政府的角度和“社会公共利益”出发，按照政府的政策和意图开展经营活动。

二是国家给予政策性银行优惠政策。政府为保证政策性银行的运转，为政策性银行提供多种优惠政策，比如资本金、贴息、减免税、政策性银行金融债券、境外筹资等。如果没有这些优惠政策，政策性银行就难以维继。

三是在资金运用上具有政策性，体现在向弱势群体发放贷款，而且利率较低，期限较长，是商业银行不愿从事的项目。

（2）金融性

政策性银行的实质是银行，不是拨款“金库”。既然是银行，就需要借助金融机制、金融方式和手段，贯彻执行国家的经济政策，实现社会经济目标。在这一方面，政策性银行与商业银行具有共性，即均在资金运用上注重资金的安全性和流动性，对贷款项目严格评估，认真审查借款人的资格，强调资本金比例，采取抵押、担保方式发放贷款等。政策性银行与商业银行不同的是，政策性银行发放的是政策性优惠贷款，商业银行发放的是商业性贷款。

（3）企业性

政策性银行虽然是一种特殊的金融企业，但它仍然具有企业的一般特征，不仅需要有资本金，也需要经营者经营，其产品是政策性贷款，依靠经营政策性贷款创造效益。其经营的原则尽管是不以营利为目的，但并不是不讲求经济效益。

不以营利为目的，主要是针对政策性业务所具有的社会效益比经济效益更为显著的属性而言的，并非是不要经济效益。政策性银行无论承担了多少政策性功能，都要讲求经济核算，不讲核算，不计成本，没有安全性，政策性银行的经营就缺乏后劲，甚至难以立足。

（4）非竞争性

政策性银行定位于商业银行不能涉足、不敢涉足、不愿涉足、无力涉足的领域，这就使它具有与商业银行的非竞争性。

如果政策性银行与商业银行竞争，则政府就没有必要直接出资组建政策性银行，而只需要支持民间资本组建商业银行就行了。同时，政策性银行若与商业银行竞争，其背后的政府背景以及种种行政特权会破坏市场竞争的公平与公正，不利于市场秩序的维护。

非竞争性一是体现在不能吸收活期存款，不能开办储蓄机构；二是体现在不能与商业银行争夺贷款客户，凡是商业银行愿意支持的，政策性银行就应当放弃。

2.1.2　政策性银行与商业银行的关系

白钦先、剑眉（2005），张令骞（2009）等认为政策性银行与商业银行是国家经济与社会发展稳定中缺一不可的两翼，二者彼此平行、相互对称，是相互补充和相互协作的关系，并不是对立、从属或竞争的关系。

1. 平等关系。政策性银行与商业银行在国家银行体系中的地位可以理解为：政策性银行与商业银行均居于中央银行之下，二者在法律地位上是平等的，均属于独立的法人机构。政策性银行依法享有一些优惠待遇，但不代表国家的权力，不是凌驾于商业银行之上的，二者是平等的关系。它们的产权都归银行自己所有，共同在我国金融体系中发挥重要作用。

2. 互补关系。商业银行在我国金融组织体系中居于主体地位，开展多项金融业务，但有一些金融业务商业银行往往不愿承办或不能承办，这类业务就由政策性银行来办理，用于弥补商业银行在承办金融业务活动中的薄弱之处或遗漏业务。这也正是政府设置政策性金融的初衷——矫正市场机制的缺陷和弥补商业性金融的不足。在各国银行体系中，商业银行是基础和主体，政策性银行是有益的补充。尽管两者在运行机制上不同，但政策性银行和商业银行是相互配合、相互弥补的。这主要表现在：（1）政策性银行通过对特定部门的支持和贷款，可以引导商业银行向该领域和有关部门融资。这在一定程度上起到了示范和引导作用，有利于资金向政府支持部门转移。从信息成本角度和资源外部性角度看，这种引导作用提高了经济效率。（2）商业银行接受政策性银行的委托，代为办理业务。通过代理可以节约交易费用，但为防止政策性资金被商业银行其他业务所挪用可能会增加监督和管理成本。最初设立政策性银行就是为了分拆政策性业务与商业性金融业务，这为国有商业银行推行资产负债比例管理提供了前提条件。

3. 协作关系。目前政策性银行往往缺乏分支机构和营业网点，政策性银行采取间接方式开展业务，采用代理机制，即委托商业银行对最终贷款对象进行信用调查、发放贷款、管理贷款、收回贷款等业务。对按照政府政策要求，商业银行向政府扶持领域或部门进行融资的，政策性银行会对此类业务活动给予再贷款、利息补贴、偿还担保等优惠政策以进行鼓励和支持。因此，两者之间在一定程度上是协作关系。政策性银行最初设立的目的主要就是国家为了扶持特定领域或行业，弥补这些部门在长期融资上的资金不足，弥补资本市场机制的缺陷等。政策性银行与商业银行之间构成了互补互助及良好的合作关系，实现了优势互补，有利于国家经济与社会发展。

从政策性银行与商业银行相互关系的分析中可见，两者在本质上有很多区别。主要表现在：（1）资源配置主体和目标不同。商业银行资源配置的效率目标是经济的有效性，而在一些特定领域、特定部门或产业，市场机制难以发挥作用，需要政策性银行进行调控，其资源配置效率的目标是社会合理性。（2）两者业务宗旨不同。商业银行以利润最大化为经营目标，而政策性银行是为了贯彻配合政府的特定经济政策目的，它是政府发展经济、管理宏观经济，促进社会经济稳定发展的有效工具。（3）运作机制不同。政策性银行有特定的业务领域和部门，为特定部门提供条件优惠的贷款，而商业银行以市场经济和追求利润为导向。（4）资产和负债结构不同。政策性银行具有充足和稳定的资金来源，包括政府资本、债券融资等，而商业银行的负债来自于存款。政策性银行主要从事期限长、风险高、条件优惠的贷款、项目开发投资和信用担保等业务，而商业银行多从事期限短、风险低、流动性好、利润高的金融业务。

2.1.3　三大政策性银行基本情况

1. 国家开发银行

国家开发银行成立于 1994 年 3 月，原系经国务院批准设立的政策性金融机构。2008 年 12 月，经中国银监会批准，国开行整体改建为股份有限公司，并承继原国开行全部资产、负债，依法承担和履行原国开行在有关具有法律效力的合同或协议中的权利、义务以及相应的债权债务关系和法律责任。国开行虽然正在进行商业化转型的尝试，但鉴于目前仍然保留了国家信用，并第三次延长保留国家信用的期限至 2013 年末，所以在本书中，仍将国开行纳入三大政策性银行进行阐述。

根据《国务院关于组建国家开发银行的通知》（国发［1994］22 号），国家开发银行的主要任务是，建立长期稳定的资金来源，筹集和引导社会资金重点向国家基础设施、基础产业和支柱产业项目以及重大技术改造和高新技术产业化项目发放贷款，投资项目不留资金缺口，从资金来源上对固定资产投资总量及结构进行控制和调节，逐步建立投资约束和风险责任机制，提高投资效益，促进国民经济持续、快速、健康发展。

国开行根据国家宏观经济政策和行内信贷原则自行评审贷款项目的风险、发放贷款、管理和收回贷款，其资金主要来源于政府资本金和向国内外发行金融债券以市场方式筹集。截至 2012 年末，国开行注册资本金为3067亿元，在国内设有38个营业性网点（含香港分行），在境外设有开罗代表处和莫斯科代表处，全行员工8062人。

2. 中国进出口银行

中国进出口银行成立于1994年3月，截至2012年末，资本金为50亿元，由国家财政全额拨付，在国内设有21家营业性分支机构，在境外设有东南非代表处、巴黎代表处和圣彼得堡代表处，全行员工2136人。

根据《国务院关于组建中国进出口银行的通知》（国发［1994］20号），中国进出口银行的主要任务是，执行国家产业政策和外经贸政策，为扩大我国企业机电产品和成套设备等资本性货物出口提供政策性金融支持。其资本金由国家财政拨给，运营资金的来源主要是向中国人民银行申请再贷款、在境内发行金融债券和在境外发行有价证券所筹集的资金、从国内外金融机构筹资等。

中国进出口银行实行自主、保本经营，企业化管理，它是中国政府对外提供优惠贷款的承贷行和外国政府贷款或双边贷款的主要转贷行，是我国外经贸支持体系的重要力量，也是中国金融体系的重要组成部分。

3. 中国农业发展银行

中国农业发展银行成立于1994年4月，截至2012年末，注册资本金为200亿元，由国家财政全额拨付，在国内设有1963家营业性分支机构，全行员工52033余人。

根据《国务院关于组建中国农业发展银行的通知》（国发［1994］25号），中国农业发展银行的主要任务是，按照国家有关法律、法规和方针、政策，以国家信用为基础，筹集农业政策性信贷资金，承担国家规定的农业政策性金融业务，代理财政性支农资金的拨付，为农业和农村经济发展服务。中国农业发展银行依据国家有关法规及产业政策，实行“库贷挂钩、钱随粮走，购贷销还、封闭运行”的信贷准则。目前，形成了以支持国家粮棉购销储业务为主体、以支持农业产业化经营和农业农村基础设施建设和生态农业建设为重点的业务结构，初步建立了现代银行框架。随着社会主义新农村建设的全面推进和农村金融体制改革的不断深化，中国农业发展银行进一步发挥政策性银行在服务国家宏观调控、促进“三农”发展中的职能作用，有效发挥了在农村金融中的骨干和支柱作用。

中国农业发展银行的资金来源主要包括：业务范围内开户企事业单位的存款、财政支农资金、发行金融债券、向中国人民银行申请再贷款、同业存款（信用社以及财务公司、信托公司等非银行金融机构开办的存款业务）、境外筹资等。

2.2　政策性金融的概念及特点

经济学家认为，早期的“开发银行”或“投资银行”的主要特征是“提供长期性的信贷资金”。基于这一特征，Olmstead（1972）认为 Credit Foncier 和 the Credit Mobilier 两个政策性银行发行的债券属于政策性金融债券。Olmstead 同时还指出，对所融资的项目提供其他投入，如企业家要素，是“开发银行”的另一个显著特点。开发银行的银行家还应该积极参与融资项目的规划，类似普通公司董事提供的咨询、参谋、指导和控制，银行家们也应在融资企业中发挥这一功能。Olmstead 认为，政策性银行发行金融债券最早出现在美国，因为在 19 世纪的上半叶纽约城市互助储蓄银行就具有了上述政策性银行的两个特征。

日本的知名学者小滨裕久、奥田英信等认为政策性金融是指："为实现产业政策或者其他特定的政策目标而采用的金融手段，也就是为了培育具体的战略性的产业，而在利率、担保条件及贷款期限等方面给予优惠，并加以选择地提供资金。"不仅仅是通过政策性金融机构提供的资金（即狭义的政策性金融债券），商业性金融机构在政府干预下为具体的产业政策提供的资金（即广义的政策性金融债券）也包括在内。

从上面的分析看，国外政策性金融债券的概念实际上包含了更广泛的内涵。它可以指一个特定的金融机构发行债券，也可以指某些类型的金融工具。它们满足一个共同点，即它们与政府之间的关系相似——受控和服务于政府的特殊目的。

我国学者白钦先最早使用了"政策性金融"这一术语。他将其定义为"在一国政府支持下，以国家信用为基础，运用各种特殊的融资手段，严格按照国家法规限定的业务范围、经营对象，以优惠性存贷利率直接或间接为贯彻、配合国家特定经济和社会发展政策而进行的一种特殊性资金融通行为，它是一切规范意义上的政策性贷款，一切带有特定政策性意向的存款、投资、担保、贴现、信用保险、存款保险、利息补贴等一系列的特殊性资金融通行为"（白钦先，1998）。谢汪送（1998）认为，政策性金融是在一定时期内一个国家或地区为贯彻落实国家的产业政策，实现社会政治需要或宏观经济目标等而制定的具有特定政策目的的金融行为。瞿强（2000）则将其定义为国家为了实现一定的政策性目的而采取的一系列手段，包括通过建立政策性银行，直接干预银行体系等，以低于市场利率或比商业银行更优惠的条件，向特定部门或需求者提供中长期贷款。

2.3　政策性金融的生成机理

有学者指出，政策性金融实质上是市场失效及失效背景下政府介入调控所导致的。Stiglitz 和 Weiss（1981）、Diamond（1984）和 Santomero（1989）认为，基于信息不对称产生的市场往往是不完善的，甚至会造成价值规律失灵、市场失效。

Antonio 和 Kim（1997）认为，这种市场失效主要表现在以下几个方面：（1）市场中信息不对称，即金融机构的贷款人为了获取作为放款依据的重要信息（例如借款人的信用、诚信度等），需要支付一笔高昂的费用；而其中任何一个贷款人获取该信息后，其他潜在的金融机构贷款人，通过观察目前的贷款人行为，即可免费访问这些信息，这将是一个“搭便车”现象，最终使得所有的贷款人没有动力去搜集特定借款人的信息。因为任何一个贷款人都不愿意在信息采集和监督方面进行投资，特定的借款人将会受到金融机构的排斥。另外，信息不对称也会导致逆向选择及道德风险等问题。（2）资源外部性，即贷款方对某些特定部门的融资可能会对国民经济中其他部门有正向的溢出效应。这种说法可用来证明政府对农业、科技、中小企业及一些“示范性”项目支持的合理性。（3）其他金融市场或新兴市场中信贷的失灵。包括缺乏长期资本及缺少必要的避险工具，或是贷款方借助于有利的垄断地位而抬高价格，阻碍了金融市场的正常发展。为了克服这些市场失灵现象，就需要使用政府的权力。这种观点其实是从社会利益的角度来论证政策性金融产生的客观原因，即微观经济学理论中的两个基本的假设条件——完善的市场和完全的竞争，在现实社会中是不存在的，而市场调节失灵也是不可避免的。金融市场中也必将存在类似的市场失灵问题，如信息不对称、信息不充分、垄断、规模效应、公共产品和外部性等。市场调节失灵会对社会整体利益产生不利影响。在这种情况下，政府介入调控，政策性金融机构开始公开发行政策性金融债券。

另外，Antonio 和 Kim（1997）同时也强调，政府介入金融市场有可能会改变市场的失灵，但不是绝对的。除非政府能够证明它可以比私营企业更有效地解决好信息不对称等问题，或者它的介入可以纠正市场失灵或外部性，否则，政府干预金融市场的理由仍然不充分。根据他们的观点，需要区分政府失效和市场失灵两个概念。由于法律方面的约束、管制方面的限制等原因，普通商业银行不愿向特定部门发放贷款。比如，司法系统不愿意或不能保护合同执行，以及政府迫使银行对某些特定部门债务减免或在旧账未完成的前提下，继续提供新的贷款。他们指出，如果是属于后一种情况，政府应该消除那些不合理的限制，而非强行介入银行内部。

当然，Antonio 和 Kim（1997）的观点还是很有见地的，其观点相比于简单的“社会利益论”更为高明，而且指出了政府干预有可能是导致市场失灵的元凶。

Corrigan（1997）指出，从韩国、日本及其他一些国家借助金融手段去支持具体部门的经验看，在任何国家的发展历程中都可能会出现这样一个阶段，需要政府通过政策性信贷或者发行政策性金融等干预措施来发挥作用，将资金输送给那些从社会整体的经济利益角度看有必要资助但市场却不愿或不能提供资金的经济部门，而且政府的这种干预往往是持续的。

我国学者也对政策性金融的生成机理和产生依据进行了分析，根据最近的研究文献，主要包括以下几种理论：战略资源配置论、资源配置折衷论、国家利益论、市场建设与桥梁论等。

“战略资源配置论”认为金融是一种稀缺资源，是一国最基本的战略资源，考虑到它的稀缺性和战略性，国家应遵循“经济有效性”

及“社会合理性”两个基本原则对这类资源进行优化配置。在市场化经济中，某些特定领域或部门，根据经济有效性原则，商业性金融机构不愿向其贷款，而这些部门或领域对国家整体的经济发展和经济利益又具有重要意义，此时只能按照社会合理性原则通过发行政策性金融债券来进行金融资源的优化配置。

“资源配置折衷论”认为，政策性金融的一方面是“政策性”，体现政府的意图，另一方面是“市场性”，需要遵循市场规律，也就是在金融领域内把“政府”与“市场”两者对资源配置的作用进行了“折衷”。现代经济社会中的公共产品、准公共产品和私人产品，是由市场和政府这两种手段来进行资源配置的。在市场经济制度尚不完善的情况下，一些具有准公共产品性质的特殊金融资源领域，需要由“无形之手”的市场机制和“有形之手”的政府机制进行联手，才能得到兼顾公平与效率的资源配置。这种联手在金融资源配置领域就表现为政策性金融机制。

崔艳梅等（2004）指出，当前国际间的竞争日益激烈，经济实力的竞争更加突出，推行政策性金融是维护国家在对外交往中的整体经济利益的有效手段，这就是“国家利益论”的观点。例如，国家通过为特定产业提供政策支持，直接干预进出口贸易等相关产业部门，有助于实现国家的宏观调控目标；在我国加入世贸组织的新形势下，根据世贸组织反补贴条款的规定，参照经济合作与发展组织（OECD）的相关要求及国际上的通行做法，发挥国家的信用机制作用，提高国内企业的国际竞争力，为国际间的平等竞争创造良好的政治经济环境。从国际经验来看，无论是发达国家的政策性金融机构，还是发展中国家的政策性金融机构，无论是从世贸组织规则，还是从巴塞尔协议条款以及发达国家和发展中国家的通行做法来看，政策性金融机构都可以在支持和扶持特定部门的需要中发挥不可替代的重要作用。

陈元（2004）提出了“市场建设与桥梁论”，他认为我国正处于转轨进程中，政府、企业、开发性金融等各种中介机构都应是市场建设的主体。建设市场是这些主体混合作用、自上而下与自下而上共同推进的渐进过程。政策性金融处在财政、商业金融、资本市场的“中间地带”，发挥着政府与市场的桥梁作用，是解决物质、社会、制度“瓶颈”和建设市场的最重要的主体之一。政府应当利用政府信用来建设市场，通过市场调节来实现国家的社会经济发展目标。

2.4 政策性金融的功能

目前的文献多是从理论角度分析政策性金融的作用，内容较为抽象，本书将从实践的角度来阐述政策性金融债券的主要功能。

1919 年，英国引入的出口信贷保险计划具有显著的政策性金融特征，Dietrich（1935）通过对该计划的分析表明，其价值是不容低估的。（1）对出口商而言，该计划除了便于出口商获取信贷和票据贴现，还可以为他们提供一些中长期贷款。（2）对政府而言，该计划实现了英国促进出口贸易的目的。考虑到其价值的重要性，该计划已成为英国对外经济政策中的一个固定组成部分。

1944 年 10 月，加拿大成立了国立工业开发银行（The Industrial Development Bank of Canada）。Fergusson（1948）对该行的运行实践进行了分析，研究表明，第二次世界大战后中小型工业企业需要从战时工业转向普通工业，该行适时地满足了为现代化工业改造和实现生产转型等所需的长期性资本金需求。自该行业务开通以后，其业务量迅速扩大，在短短的三年时间里，该行又开始向加拿大银行提出了追加资本金的申请。

Dimitri 和 Akihiko（1995）结合日本在这方面的实践进行了分析。他们指出，第二次世界大战后日本在经济建设过程中，新型企业和扩张企业面临融资难等外部金融抑制问题，而政策性金融对克服此类问题发挥了至关重要的作用，特别是对那些缺少与大型商业银行（往往占主导性放款地位）合作的企业而言更为重要。政策性金融的作用实现途径主要是，政府首先搭建起一些专业性的政策性金融机构，然后再选定需要扶持的特定企业（政府优先发展的产业、正处于现代化或结构调整过程中的重要产业、进出口产业部门、与大型商业银行没有联系的中小型企业等），最后由政策性金融机构作为中介把储蓄资金输送给这些特定企业。

20 世纪 60 年代，日本开发银行（是当时为大中型企业提供政策性贷款的主要金融机构）的指导性贷款在促进私人投资中起了主要作用，Horiuehi 和 Sui（1993）对此进行了研究。他们对 1965 年在东京股票交易所上市的 477 家大中型企业进行了抽样调查，得出的主要结论是，(1) 日本开发银行的贷款使得大部分企业投资出现净增长。(2) 日本开发银行发放贷款的同时，私营银行贷款额增加，这表明日本开发银行的贷款并未挤占私营银行的贷款。(3) 日本开发银行出现以后，企业从私营银行的借款金额也在增加，这表明企业从非核心银行获得贷款的能力增加了（日本的企业通常与一系列银行有业务联系）。这一研究表明，政策性贷款的确起到了引导和保障作用。

世界银行在 1994 年的《东亚奇迹》报告中认为，东亚国家的政府政策性贷款的结果是好坏参半的。报告指出，给出口企业发放贷款有利于促进经济发展。Kim（1993）认为韩国制造业出口上升带动了韩国工业的迅速发展，而且这种带动效应是显著的；但其他较具体的指导性贷款计划则各有利弊。通过对韩国、日本等东亚国家的研究发现，政府贷款项目在韩国和日本发挥了积极的协作作用，而在其他东南亚国家，如马来西亚、印度尼西亚和泰国，大多数政策性贷款并未达到预期的目标。因而，许多国家政府放弃了类似的计划。

Antonio 和 Kim（1997）则认为，不可能验证政策性金融的效果是否得不偿失，对于政策性信贷的需求和效果还存在广泛的争议。综合上述研究结果可知，单从政策性金融的直接收益和效果来看，它对经济发展具有积极的促进作用，但是还会在一定程度上造成经济扭曲。此外，政策性金融实际上不过是一种政策工具，是否能取得预期的效果主要取决于各国的具体运用方式和执行过程。

国内学者基于上述政策性金融含义和形成依据分析了政策性金融和一般金融中介功能上的异同之处，主要体现在以下两个方面：

（1）作为金融中介的普通功能。白钦先（1998）指出，作为一种特殊的金融中介机构，政策性金融通常没有存款类业务，也就是说，它一般不具备存款派生和信用创造的功能，除此之外它具有其他金融中介所具有的一切功能。杨涛（2004）曾对此提出异议，他认为政策性金融在特定情况下也有货币创造的功能。再贷款是中央银行影响基础货币总量的重要途径，来自于中央银行的再贷款通过政策性金融把资金运用到业务活动中时，就体现了它的货币创造功能。

（2）体现其政策性的特殊功能。王曙光（2003）指出，政策性金融具有六项特殊功能，包括：对基础产业、农业的直接扶持及推进功能，诱导性功能，逆向选择功能，补充性功能，扩张性功能，专业性服务及协调功能。龚明华（2003）认为政策性金融具有四个方面的功能：为普通金融机构做补充，强化普通金融机构的竞争能力、促进新兴产业和重点产业的发展、产生诱导效果等。黄河静（2003）认为政策性金融一般不以营利或利润最大化为经营目的，该特点决定了它具有与普通商业银行所不同的特殊功能，包括诱导性功能、政策性功能、补充性功能、稳定性功能及区域经济的梯度整合功能等。杨涛（2004）指出政策性金融具有六个方面的特殊功能：增进社会福利水平（特别是住房和社会保障方面）、支持农业发展、优化经济结构、支持基础设施建设、支持中小企业发展、影响国家进出口业务等。

2.5 金融债券的相关理论

2.5.1 金融债券

金融债券是指依法在中华人民共和国境内设立的金融机构（包括银行及非银行金融机构）法人在全国银行间债券市场依照法定程序发行的、按约定还本付息的有价证券。金融机构的资金来源很大部分靠吸收存款，但有时它们为改变资产负债结构或者用于某种特定用途，也有可能发行债券以增加资金来源。

在英国、美国等欧美国家，金融机构发行的债券归于公司类债券。在我国及日本等国家，金融机构发行的债券称为金融债券。

根据划分标准不同，金融债券的分类方式有很多。常见的分类包括以下几种：

（1）附息金融债券和贴现金融债券，其划分依据是利息的支付方式不同。

附息金融债券，附有多期息票，发行人定期支付利息；贴现金融债券往往以低于面值的价格贴现发行，到期按面值偿还，面值与发行价的差额就是利息。按照国外通常的做法，贴现金融债券的利息要征收所得税，且不能在交易所上市交易。

（2）普通金融债券和累进利息金融债券，其划分依据是发行条件。

普通金融债券按面值价格发行，到期一次性还本付息。这类似于银行的定期存款，但考虑到其风险性，利率高于一般存款。累进利息金融债券的利率不固定，随时间增加，利率一年比一年高，即债券的利率随着债券期限的增加而累进，比如票面价值 1000 元、期限为 4 年的金融债券，第一年利率为 8%，第二年利率为 9%，第三年为 10%，第四年为 11%。投资者可在第一年至第四年随时去银行兑付，并获得相应的利息。

（3）其他多种常用划分依据。根据投资期限的长短，金融债券可以分为短期债券、中期债券和长期债券；根据是否要求担保，可划分为信用债券和担保债券；根据是否记名，可划分为记名金融债券和不记名金融债券；根据可否提前赎回，可划分为可提前赎回金融债券和不可提前赎回金融债券；根据发行人是否赋予投资者选择权，可划分为附有选择权的金融债券和不附有选择权的金融债券；根据债券票面利率是否变动，可划分为固定利率金融债券债券、浮动利率金融债券和累进利率金融债券等。

金融债券一般具有以下四个特征：

（1）专用性

发行金融债券筹集的资金，一般情况下是专款专用，用于定向的特别贷款。而通过吸收存款所得的资金，通常用于一般性贷款。

（2）集中性

在筹资权利方面，发行金融债券是集中的，具有间断性，而且有一定的规模限额。而吸收存款对于金融机构来说，是经常的、连续的业务，而且无限额。

（3）高利性

在筹资成本方面，金融债券一般利率较高，相对来说成本较大。而相同期限存款的利率，往往比金融债券低，成本较小。

（4）流动性

在流通转让方面，金融债券不能提前兑取，延期兑付亦不计逾期利息，但它作为一种债券，一般不记名，不挂失，可以抵押，可以在证券市场上流通转让。存款都必须实名，而且可以随时兑取（尤其是活期存款），不能在证券市场上流通。

2.5.2　金融债券的功能

近年来，债券市场在金融工作中的重要性日益凸显。债券在市场规模、市场品种、机制创新、制度完善等方面取得了很多进展。金融债券作为除国债以外规模最大的债券品种，在发展债券市场，建立和完善多层次资本市场的重要任务中，其角色尤为重要。金融债券在未来将继续充分发挥着支持债券市场、支持经济发展的积极作用，其功能主要体现在以下几个方面：

1. 发行金融债券有助于金融机构提高资产负债管理能力。

商业银行和其他存款类金融机构长期存在资产负债期限错配现象，由于缺乏主动负债工具，资产和负债管理能力薄弱，这制约了金融机构的经营主动性和风险承受力。发行金融债券为金融机构开辟了融资渠道，可以作为其长期稳定的资金来源。金融债券的发行为金融机构补充附属资本提供了便利，有效地解决了资产负债期限结构不匹配的问题。作为主动负债工具，金融债券改变了金融机构的被动局面，有助于资产负债的管理，化解金融风险。

2. 发行金融债券有利于银行优化资产结构和扩大直接融资渠道。

目前，国内债券市场发展相对滞后，企业缺乏直接融资渠道，直接融资比重较低，资产和负债结构不合理，企业承担的风险集中转嫁给银行和政府，经济运行的社会成本较高。推动债券市场发展的有效措施之一就是通过金融机构发行金融债券，这可以在一定程度上满足银行或企业的资金需求，起到了提高直接融资比例和优化金融资产结构的重要作用。

3. 发行金融债券有利于增加投资产品种类、活跃市场交易。

在我国债券市场中，享有国家信用的国债与政策性银行金融债券占比较高，而后者以国家信用为支持，享有准国家信用等级，市场信用层次较少，债券品种较为单一。大力发行金融债券，可以增加投资者的投资选择，在一定程度上提升债券市场的深度与广度。随着不同类型发行主体参与市场，信用层次会逐渐丰富，推进金融债券产品创新，可以增加投资产品的种类，有利于投资者根据自己的收益要求与风险承受能力选择适当的投资组合，推进债券二级市场的交易，并进一步完善债券市场投资功能、推动债券市场发展。

4. 发行金融债券有利于优化市场资源配置。

作为债券市场的重要组成部分，大力发展金融债券有利于改善我国融资结构，优化市场资源配置，也能够有效地促进储蓄向投资转化，降低金融系统性风险。而随着我国经济增长方式的转变以及市场化程度的提高，债券市场在经济和金融中的作用也越来越重要。

2.5.3 利率的期限结构理论

利率的期限结构是指在某种给定的风险水平范围内，某一时点上固定收益证券的到期时间与到期收益率之间的关系。为了解释这些不同形状的收益率曲线，理论界总结了一些经典理论

（1）市场预期理论

费舍尔于 1896 年最先提出了市场预期理论。费舍尔（1930）、

威廉姆斯（1938）、露茨（1940）和希克斯（1946）等人逐渐将这一理论完善。市场预期理论认为收益率曲线的形状是由投资者的预期决定的。根据该理论，利率期限结构完全取决于市场对未来利率走势的预期。长期债券收益率等于长期内市场预期利率（含短期利率）的均值。

市场预期理论认为期限不同的利率出现差异的原因是由于市场对不同的短期利率有不同的预期。这种理论的前提假设为债券投资人在不同债券之间没有不同的偏好，即期限不同的债券具有完全的可替代性，债券投资市场充分有效，所有投资者具有相同的预期。显然，假设前提过强是该理论的局限之一。该理论对债券波动的解释为，如果短期利率上升，会提高市场对未来短期利率的预期。而由于长期利率等于短期利率的均值，所以长期利率会由于短期利率的上升而提高，从而造成长期利率与短期利率一起波动。市场预期理论可以解释不同期限的收益率出现同方向变动的原因，但无法解释收益率曲线通常向上倾斜的客观现象。

（2）市场分割理论

市场分割理论认为期限不同的债券市场彼此是完全分离、完全独立的。每种期限债券的利率水平在各自市场由该种债券的需求与供给之间的博弈决定，而不是类似市场预期理论认为的受其他期限债券影响。市场分割理论认为，不同期限债券市场之间存在差异，投资者通常会面临诸多投资限制，例如拥有头寸的数量等，Modigliani 和 Sutch（1967）认为，具有不同投资要求的投资者存在明显的不同，每种类型投资者均偏好于使其资产期限和债务期限相匹配的投资。所以每种期限债券投资范围内的投资者不会轻易由原市场进入一个新的市场，从而加剧了各个市场之间的分隔，使不同期限市场存在利率差异。市场分割理论的核心观点认为长期利率只决定于长期资金的需求与供给，短期利率只决定于短期资金的需求与供给。

该理论的假设前提为投资者对投资组合的调整存在局限性，不同期限的债券是完全不可以相互替代的，等等。该理论对收益率曲线通常向上的解释为，短期债券的需求往往比长期债券更强烈。供求博弈均衡的结果为短期债券具有较高的价格与较低的收益率。通常而言，市场投资者更多地倾向于投资和拥有短期债券而不是长期债券，所以利率期限结构向上。市场分割理论的局限在于各投资者市场行为的目的在于保本，追求风险最小化意味收益最低，而不是追求财富最大化，这与客观事实存在矛盾。而且，随着债券市场的不断完善，长短期债券市场一体化是趋势，市场分割理论不能解释期限不同债券收益率有时会一起变动的事实。

（3）流动性偏好理论

流动性偏好理论由希克斯最早提出，主要是在认同未来利率预期的同时，加入了市场投资者的风险偏好。该理论认为，风险和预期是同时影响债券利率期限结构的两大因素。到期期限越长的债券，利率风险往往越大，因为其收益率变动的可能性越大。所以投资者为了减少风险，对流动性较好，清偿期限较短的债券往往偏好性较强。而对于期限较长的债券，投资者往往要求较高的流动性补偿，也即要求较高的收益率。流动性偏好理论是市场预期理论与市场分割理论的综合。因为市场预期理论将不同期限债券市场视为完全替代的，而市场分割理论认为不同期限债券市场是完全分割独立的，一种债券收益率不会影响其他债券，所以无法解释利率的共同变动。

（4）经济周期理论

Campbell R. Harvey（1988）认为利率期限结构体现了丰富的宏观经济信息。他对利率期限结构与宏观经济变量进行了实证研究，认为利率水平的高低取决于资金的供求，但是由于大多数人都是风险厌恶者，所以投资者有足够的主动性根据自己的经验对经济形势进行判断，通过持有或者卖出一些金融工具来实现自身效用最大化。

因此，当经济发展处于经济周期波动的不同阶段的时候，利率期限结构容易出现不同的差异。例如美国在第二次世界大战后的经济发展过程中，经济增长强劲时，利率期限结构通常表现为向上倾斜的状态，但是当经济陷入萧条时，利率期限结构往往产生翻转，呈现向下倾斜的状态。总体来看，经济周期理论将利率期限结构利率与宏观经济研究结合起来，认为利率期限结构蕴含宏观经济信息变量，并且可以预测宏观经济。这一认识也为本书的研究提供了理论依据和基础。

2.5.4　货币政策对金融债券收益率的影响

1. 基准利率对收益率的影响

中央银行确定的基准利率包括存贷款基准利率、准备金利率、再贷款利率、再贴现利率等。Linda Goldberg 和 Deborah Leonard（2003）对从 2000 年 1 月到 2002 年 6 月 30 个月的小时债券收益率样本数据进行分析发现，欧美国家基准利率的宏观经济信息的发布会显著影响债券收益率。管圣义（2005）用 2002 年 2 月到 2005 年 3 月发生的货币政策主要变化事件对我国债券市场的影响进行了分析。其结论表明，中央银行利率政策操作随我国债券市场发展时间的推移对债券市场影响越来越大，同一利率不同方向相同变化幅度对债券市场影响是不同的。法定准备金率对债券市场的影响最为显著，说明我国债券市场受资金影响越来越强。研究表明，随着我国债券市场的不断发展，债券市场对中央银行货币政策越来越敏感，其作为金融利率资产对货币政策具有传导作用。黄文婧（2009）通过实证分析得出，广义货币供应量和法定存款准备金率的变动会显著影响国债收益率曲线，法定存款准备金率的变动方向与长短期利差方向相反，广义货币供应量的增速与长短期利差同方向变动。总体来看，国债收益率曲线在货币当局实行宽松货币政策时变得陡峭，紧缩政策时变得平坦，说明市场投资者对政府的货币政策持信任态度。杜金岷和郭红兵（2008）实证检验认为，超额准备金利率对短期收益率曲线斜率的反向影响较小，对长期收益率曲线反向影响较大，因此当中央银行提高超额准备金利率时，债券收益率曲线变得更加平坦。Piazzesi（2003）利用仿射模型和无套利模型研究认为宏观经济变量包括基准利率的改变能影响债券收益率，但是反之不成立。同时，Diebold（2005）等运用双向的动态关系模型研究认为，宏观经济变量和债券收益率变化是相互影响的，但是从总体上说，宏观经济变量对债券收益率的影响要大于债券收益率对宏观经济变量的影响。

相关文献多集中于基准利率与债券市场整体反应或者基准利率对国债的影响，并没有涉及政策性银行金融债券。但是政策性银行金融债券作为债券市场的利率金融产品，并且兼具国债与公司债的性质，因此对基准利率的变化理论上也应该非常敏感。

2. 货币供应量对收益率的影响

国内外文献对货币供应量与利率期限结构的关系进行了大量的研究。早期的经典理论中，休谟认为货币供应量的增加会提高价格水平，但是由于真实的货币供给不变，所以实际利率并不发生改变。但是凯恩斯主义学派认为价格是具有黏性的，尤其是在短时间内不会由于货币供给量的改变而发生改变。因此货币供应量的增加和减少会降低和提高短期利率。Carr 和 Smith（1972）建立计量模型研究了货币供应变化与预期通货膨胀对利率的影响。其研究结果表明，货币供给的变化的确降低了短期利率，预期通货膨胀对利率具有正向的影响。Fama（1990）的研究表明，收益率曲线倾斜度的变化包含了大量关于未来通货膨胀预期的信息。Fama 运用计量分析发现长期利率与通货膨胀率之间有非常显著的正相关关系。Mishkin（1990）运用美国国库券到期期限 1 个月至 12 个月的月度数据进行计量分析，其研究结果表明，利率期限结构不能对短期的通货膨胀水平和变化作出预测，但是可以对中长期未来通货膨胀率变化起到预测作用。Goodfriend（1997）的研究表明，美联储的货币政策委员会已经依靠长期债券收益率对市场的长期通货膨胀预期进行度量。Bernanke（1991）和 Estrella（1998）等认为，收益率曲线与宏观经济货币供给量密切相关，利率期限结构包含了未来经济活动的信息。Evans 和 Marshall（2001）对经济活动、物价水平和收益率曲线的水平因子进行研究，其结果认为利率期限结构对宏观经济反应强烈。Eewachter 和 Lyrio（2002）对债券收益率曲线进行主成分分析后研究发现水平因素与长期的通货膨胀预期呈现高度相关性，斜率因素反映经济周期，曲率因素则代表其他货币政策因素。国内文献对利率期限结构与货币供给通货膨胀之间的研究也多见于对国债利率及债券市场整体收益率的研究。纪志宏（2003）在理论上分析了国债收益率曲线与货币政策变化的关系，认为我国国债收益率曲线在反映货币政策趋势与经济周期特点时有很大的局限性，货币政策对国债收益率影响与金融成熟的债券市场存在较大不同。刘金全（2007）等运用结构 VAR 模型考察了宏观经济变化对利率期限结构的影响。研究结果表明，货币供给冲击对短期利率产生显著持续的影响，但是对长期利率则没有显著作用。石柱鲜（2008）等基于VAR - ATSM 模型对我国利率期限结构与通货膨胀的相互关系进行实证分析。结果表明，长期利率利差对通货膨胀率的敏感性较弱，而中长期利差对通货膨胀的预测性较强。经济增长、通货膨胀对不同期限利率中期内均产生正向影响。康书隆（2010）用国债利差对通货膨胀预期、货币供给冲击及不同期限国债与 CPI 走势进行分析，实证结果表明长期国债对 CPI 具有预测作用，货币供给冲击对短期国债具有负效应。如果通货膨胀率上升，投资者形成利率上调的预期，债券价格将下降。

3. 宏观经济变量对债券收益率的预测

国内外许多学者就宏观经济变量对债券收益率的预测方面进行了实证研究。Estrella 和 Mishkin（1997）、Evans 和 Marshall（1998）利用 VAR 模型和脉冲响应函数及方差分解技术分析债券收益率曲线与宏观经济变量之间的关系。Browne 和 Manasse（1990）采用月度数据对 OECD 国家的利率期限结构进行实证研究发现，债券收益率曲线特别是短期的利率曲线对通货膨胀具有较强的预测能力。Franke 和 Lown（1994）对债券收益率曲线的斜率进行非线性变换，发现其可以更好的预测通货膨胀。Estrella 和 Mishkin（1995）认为货币政策是债券收益率曲线斜率的重要影响因素，反过来利率期限结构对经济活动特别是通货膨胀率有积极的预测效果，因此利率期限结构可以为货币政策制定者提供政策决定依据。

马明和向桢（2002）的研究认为，我国债券收益率曲线虽然具备市场化特征，但是与西方国家的市场预期相比还是没有包含足够多的预期信息，从而缺乏预见性。宋福铁和陈浪南（2004）通过研究我国国债零息票收益率曲线发现，其斜率可以较好地预测通货膨胀率。王一鸣和李剑锋（2005）研究认为宏观经济变量多是影响债券收益率曲线的位置，消费价格指数对收益率曲线斜率和曲度影响较大。冯海天（2005）对中美两国货币政策对债券收益率曲线影响进行对比研究发现，中美两国国债收益率曲线对货币政策反应不同的原因在于我国中央银行货币政策的操作目标是数量型的基础货币，而美联储选择价格型的利率作为操作目标。刘海东（2006）对国债利率期限结构与货币政策的关系进行研究，发现货币政策对短期国债收益率的影响要显著高于中长期国债的收益率。李彪和杨宝臣

（2006）的实证分析认为我国的货币政策对国债收益率曲线效应仅仅在短期有效，对中长期曲线收益率是无效的，该研究结果认为我国的货币政策传导机制还需要完善。徐小华和何佳（2007）认为货币政策与利率期限结构存在双向影响的关系。郭涛和宋德勇（2008）认为利率期限结构所隐含的远期利率可以用来预测未来通货膨胀率。

第3章　政策性银行金融债券的市场化与创新研究

3.1　政策性银行金融债券的市场化发展

3.1.1　政策性银行金融债券

本书所称的政策性银行金融债券，特指我国三大政策性银行（国家开发银行、中国进出口银行和中国农业发展银行）为筹集资金，经国务院批准向国有商业银行、区域性商业银行、保险公司和农村信用社等金融机构发行的金融债券（以下简称“政策性银行金融债券”）。这种债券不同于中国人民银行以前发行的“中央银行融资券”和各金融机构为回购清欠而发行的“特种金融债券”。以上二者均为在特定时期向特定对象发行的、有特殊目的和特定用途的债券，而政策性银行金融债券的发行人是国家政策性银行，发行对象是经中国人民银行批准的金融机构（中资商业银行、保险公司和农村信用社）和其他认购人。另外，中央国债登记结算有限责任公司负责政策性银行金融债券发行的登记、托管和结算，而全国银行间债券市场（即同业拆借市场）是政策性银行金融债券的交易场所。

发行政策性银行金融债券的主要目的是为政策性银行筹集资金。

我国政策性银行担负着贯彻国家产业政策，支持国家重点建设的重要职能，其资金来源除了国家财政拨款外，主要是靠发行政策性银行金融债券。作为规模仅次于国债的债种，政策性银行金融债券有力地支持了国家大中型基础设施、基础产业、支柱产业的发展，为缓解瓶颈制约、调整产业和区域经济结构，促进整个国民经济健康发展发挥了重要作用。1998 年以来，国家加大启动经济的力度，金融债券的扩大发行也是重要措施之一。

3.1.2　政策性银行金融债券的发展历史

为了深化金融体制改革，实现政策性金融与商业银行金融的分离，我国成立了国家开发银行、中国进出口银行和中国农业发展银行和中国出口信用保险公司，从而形成了我国政策性金融体系。

当时，国家开发银行除 500 亿元资本金由财政分期拨付外，90% 的资金需要通过发行金融债券筹集。在政策性银行成立初期，银行间债市并没有建立，政策性银行金融债券采取了由中国人民银行依靠行政手段发行的方式，并用行政方式确定债券发行利率。

随着中国金融债券市场的不断发展，派购方式的局限性也越来越多地显现出来。行政确定发行利率，有时会使金融债券利率与国债利率倒挂；债券品种单一，期限结构不尽合理，不利于投资人资产管理；债券不能流通，无法满足商业银行流动性管理的要求。在这种派购发行方式下，由于价格扭曲，不同期限结构的债券价格比例不合理，加之债券不能流通，同时投资人对新成立的政策性金融机构认同程度较低等多种因素，中国人民银行组织政策性银行金融债券发行工作的难度越来越大。

银行间债券市场的建立为金融债券市场化发行提供了历史契机，催生政策性银行金融债券市场化。当时中央银行为实现货币政策由直接调控向间接调控的转变，急需一个规模化和成熟的债券市场，从交易所退出的商业银行急需寻找新的投资场所和投资渠道。

因此，1998 年 9 月，在中国人民银行的积极支持下，国开行在银行间债市迈出了政策性银行市场化发行债券的第一步。国开行在银行间债市组成了包括国有商业银行、部分城市商业银行、中资保险机构、城乡农信机构等 30 家成员单位的首期国开行债券承销团。当年用市场化招标方式成功发行了 350 亿元金融债券。

此后几年，银行间债市成员不断扩大，国开行债券承销团成员也不断增加，至今已经从最初的 30 家扩展到 57 家。

政策性银行金融债券的市场化发行，是指政策性银行通过市场公开发行金融债券的行为。市场化发行一般采取承购包销招标发行方式，由发行人通过市场公开招标，符合条件的承销商可以参加投标，发行利率或收益率由承销团通过竞标确定。政策性银行金融债券市场化继 1998 年 9 月起步后，经过 1999 年市场化与派购双轨过渡，2000 年全部实现市场化发债。短短几年内，政策性银行金融债券的发行在引领市场创新方面填补了我国债券市场数项空白。

通过市场招标发行金融债券，可以拓宽政策性银行的融资渠道，按照市场规律确定筹资成本，改善金融机构的资产负债管理，促进我国货币市场及债券市场的建设和发展。1998 年以来，各政策性银行逐步扩大了市场化发行金融债券的比重，并致力于提高其二级市场的流通性。

在利率机制方面，1999 年 3 月，国开行在我国债券发行史上推出了首只 10 年期浮动利率债券，2010 年又推出了可以相互调换的浮息债券。浮动利率债券的推出，对于我国债券市场在市场化初期调整债券市场期限结构，延长债券期限，增加中长期债券品种起到了重要作用。

在期限结构方面，国开行首先推出了 5 年期固定利率债券。2001 年，推出了我国债券市场期限最长的 30 年期债券，极大延伸了中国债券市场收益率曲线。

在债券产品创新方面，国开行还先后推出了第一个具有期权性质的债券品种——10 年期可赎回债券，以及对称债券和增发债券等品种。这不仅从品种创新上助推了市场，而且其发行数量的逐年增加也为缓解债券市场供不应求的局面发挥了作用。国开行的创新举措和其债券在一级、二级市场的表现日益被市场关注，客观上推动了银行间债券市场的发育和成熟。

截至 2013 年，我国政策性银行金融债券已历时 19 年，尽管存在一些问题，有待完善，但随着我国经济的迅速发展、国家政策的大力支持以及有待投入资金建设领域的开拓，其未来发展前景广阔，发行规模将越来越大。而目前适度宽松的货币政策和积极的财政政策也为扩大我国政策性银行金融债券的发行规模提供了良好的契机，将更有力地支持我国国民经济的健康发展。

3.1.3　政策性银行金融债券与其他金融债券的区别

一般而言，我国政策性银行金融债券和其他金融债券存在几点差异。

1. 发行主体不同

政策性银行金融债券的发行主体是国家政策性银行，而其他金融债券的发行主体是商业银行、资产管理公司、保险公司等金融机构。政策性银行并不吸收存款，资金主要来源于国家财政拨款和发债融资，体现的是政府的意志。

2. 发行目的不同

政策性银行金融债券的发行目的是为政策性银行补充资金，支持国家建设。其他金融债券的发行是出于自身商业经营的需要，补充发行机构的资本。

3. 发行利率不同

政策性银行金融债券发行利率普遍较低，这是由于政策性银行由中央财政担保，代表中央财政信用，整体实力雄厚，风险较低，决定了金融债券发行利率水平较低。其他金融债券由于没有国家信用作担保，相比而言，自身实力较弱，发行利率也就相对较高。

4. 投资风险不同

政策性银行金融债券，由于获得了政府国家信用或者财政政策支持，其安全性要远远高于其他金融债券，而其他金融债券大多是次级债。次级债最主要的特征在于其次级性，即它的清偿顺序在所有债务之后，仅优先于优先股和普通股。一方面，次级债券的发行主体全部为金融机构，且大部分为银行，银行通过发行次级债券来充实资本金，从而自身的抗风险能力被削弱，金融机构互持次级债券的现象比较普遍。因此，整个银行体系的风险没有合理地分散到金融体系中去。另一方面，次级债的偿还是非保证性的，次级债务人只是在确保偿还次级债本息后偿付能力充足率不低于100%的前提下，才能偿还本息。债务人在无法按期支付利息和偿还本金时，债权人无权向法院申请对债务人实施破产清算，这是次级债有别于政策性银行金融债券的一个重要特征。

5. 流动性差异

近年来，我国政策性银行金融债券的换手率很高，其流动性较强。随着金融债券市场化发行规模的增加，交易清算制度的改进以及做市商制度的实行，政策性银行金融债券未来的流动性可望大大提高，而其他金融债券目前的流动性不足，市场的约束作用难以充分体现。

整体来看，我国政策性银行金融债券与其他金融债券相比不仅在发行主体、发行目的、发行利率等方面存在较大差异，而且其投资风险要远远小于其他金融债券，流动性要高于其他金融债券，以其良好的流动性和基本无偿还风险的优势，成为金融机构（特别是银行类金融机构）进行债券投资和流动性管理的首选，总体而言具有较好的投资价值。

3.1.4　我国政策性银行金融债券市场的现状

我国政策性银行金融债券是 1994 年开始发行的，目前规模仅次于国债。截至 2012 年末，国债的发行额度为 38.4 万亿元，金融债券的发行额度为 14.13 万亿元，其中三家政策性银行发行 12.49 万亿元，占发行额度的 88.39%，其他商业银行等金融机构发行了 1.65 万亿元，占比仅为 11.68%。截至 2012 年末，国家开发银行共发行 8.12 万亿元金融债券，中国进出口银行发行了 1.90 万亿元，中国农业发展银行发行了 2.47 万亿元。金融债券由中国证券交易系统有限公司提供集中登记、托管及结算，目前在债券市场上发行额度仅次于国债，地位不可小觑。

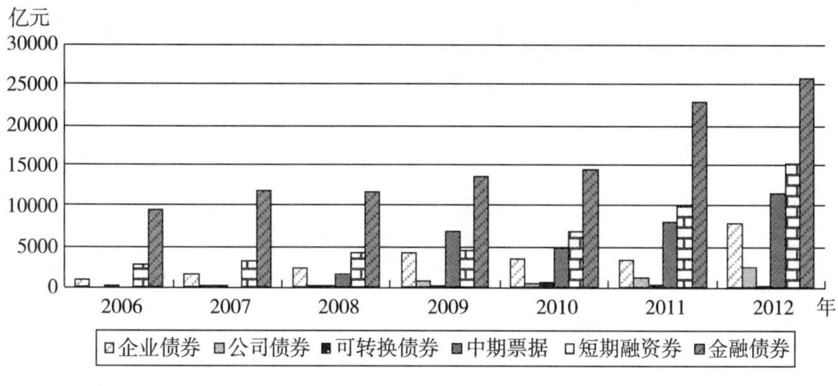

资料来源：中国债券信息网。

图 3 - 1　2006 ~ 2012 年中国债券市场历史发行情况（国债除外）

我国金融债券市场的现状及发展趋势，可以归结为四个方面。

第一，金融债券市场种类不断创新、总体规模不断扩大，发展速度位居世界前列。自1998年银行间债券市场建立以来，在中国人民银行、中国银监会等有关部门的积极推动下，围绕着国有商业银行改革这一重要任务，金融债券市场的产品类型不断创新，在仅有政策性银行金融债券的基础上，陆续推出了次级债券、混合资本债券等一系列金融债券产品，为支持国有商业银行改革和成功上市奠定了基础。目前，银行间债券市场金融债券的品种有：政策性银行金融债券、商业银行次级债券、商业银行和企业集团财务公司金融债券、国际开发机构人民币债券、商业银行混合资本债券、汽车金融公司和金融租赁公司金融债券六大类品种。1994年金融债券开始发行时规模仅有182亿元，到2012年底，市场累计发行规模已达14.13万亿元。

第二，金融债券市场管理制度不断完善。我国债券发行根据发债主体不同分别由不同部门实施监督管理。中国人民银行依法履行协调国债发行、监督管理银行间市场债券发行的职责；中国证监会依法履行对证券公司和上市公司发行债券的审批职责；国家发展改革委依法履行对非上市企业发行债券的审批职责。同时，中国人民银行、中国证监会、国家发展改革委等监管部门分工合作，沟通协调，形成了较为完善的债券市场发行管理框架。在此监管框架下，由中国人民银行负责监督管理银行间市场债券发行，而金融债券是银行间债券市场的重要产品之一。目前，我国全部的金融债券均在银行间债券市场发行，由中国人民银行统一进行监管。

表3-1　　历年金融债券发行管理主要规定

颁布时间	法律、法规、政策
1998年11月28日	《政策性银行金融债券市场发行管理暂行规定》（已于2005年废止）
2004年6月17日	《商业银行次级债券发行管理办法》（中国人民银行、中国银监会公告［2004］第4号）

续表

颁布时间	法律、法规、政策
2005 年 2 月 18 日	《国际开发机构人民币债券发行管理暂行办法》（中国人民银行、财政部、发改委、证监会公告［2005］第 5 号）
2005 年 4 月 27 日	《全国银行间债券市场金融债券发行管理办法》（中国人民银行令［2005］第 1 号）
2006 年 9 月 5 日	《商业银行发行混合资本债券有关事宜的公告》（中国人民银行公告［2006］第 11 号）
2009 年 3 月 25 日	《全国银行间债券市场金融债券发行管理操作规程》（中国人民银行［2009］第 6 号）
2009 年 9 月 1 日	中国人民银行　中国银行业监督管理委员会公告（［2009］第 14 号）
2010 年 9 月 16 日	《国际开发机构人民币债券发行管理暂行办法》修订稿（中国人民银行、财政部、国家发展和改革委员会、中国证券业监督管理委员会公告［2010］第 10 号）

资料来源：根据中国人民银行网站资料整理。

第三，金融债券市场主体不断丰富，机构投资者类型更加多元化。近几年来，金融债券的发行引入了更多不同类型的发行主体，从原来仅有政策性银行和国有商业银行，到涵盖股份制商业银行、地方城商行、外资法人银行、汽车金融公司和金融租赁公司等各级各类金融机构，从而大大丰富了市场信用层次，增加了投资产品种类，改变了之前国债与政策性银行金融债券占绝对比重的现象，债券市场的深度与广度被拓展，债券市场的投资功能不断完善，进一步推动了国内债券市场的发展。

第四，金融债券市场在我国债券市场乃至金融体系中的地位大大提升，功能不断深化。我国金融债券市场为货币政策的实施提供了重要平台，改善了货币政策传导效率。金融债券市场的发展支持了积极财政政策的实施，拓宽了企业融资渠道，改善了融资结构。金融债券市场还成为金融机构投融资管理和流动性管理的平台，在促进金融机构改革方面发挥了重要作用，功能将不断深化。

3.1.5 政策性银行金融债券的现状

经过几年的创新和市场化实践，政策性银行金融债券有了很大的发展。据统计，2007 年金融债券发行规模首次超万亿元，到 2011 年已经剧增至 2.3 万亿元的规模，其中政策性银行金融债券高达 1.9 万亿元，而 2011 年包含国债、央票在内的债券市场总发行量也才 7.8 万亿元。2012 年共发行 235 期金融债券，募集资金 2.58 万亿元，占 2012 年已发行债券总规模的 40.65%。其中政策性银行发行规模占已发行金融债券的 82.21%。

1994～2012 年各年间三大政策性银行金融债券的发行金额如图 3－2 所示。从中可以看出，除了在 1997 年和 2008 年两次金融危机期间，出现一定回落外，我国政策性银行金融债券的发行规模基本呈现出逐年快速增长状态。

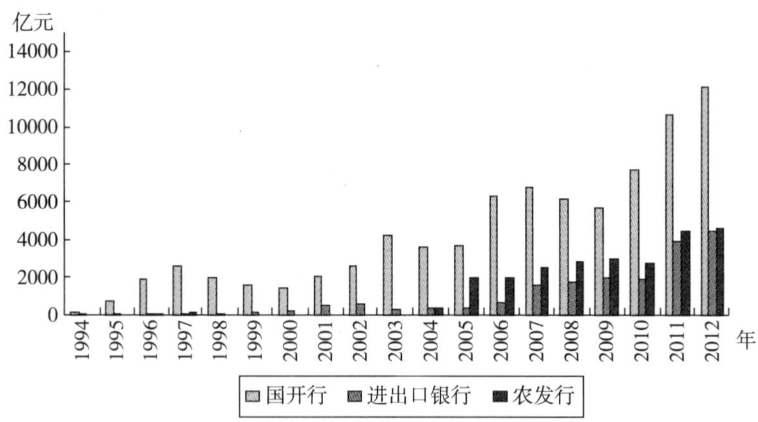

资料来源：各政策性银行网站。

图 3－2 1994～2012 年三大政策性银行发行政策性银行金融债券的情况

从政策性银行金融债券发行规模上看，2012 年的发行规模全面超过 2011 年，共计发行 173 期，累计金额 2.12 万亿元，发行期数和规模较2011年分别上升了63.05%和11.18%，为历史上首次年度规模突破两万亿元大关。其中，国开行发债1.17万亿元，进出口银行发债4281亿元，农发行发债4428亿元，均超过或接近2011年全年发行规模。

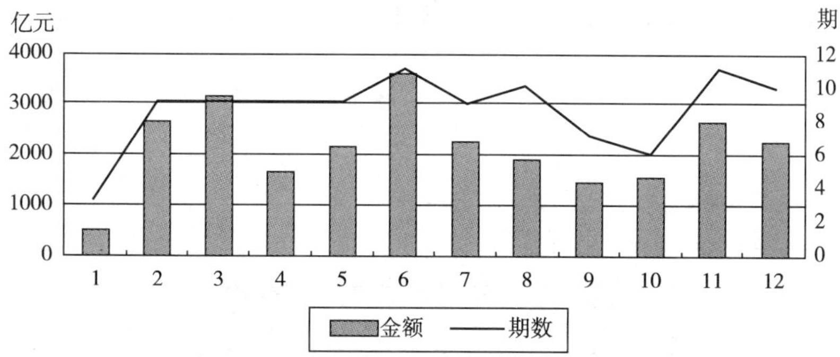

资料来源：根据公开资料整理。

图3-3 2012年政策性银行金融债券市场发行情况

从存量来看，政策性银行金融债券余额接近8万亿元，约占债券市场总量的1/3。国开行、进出口银行、农发行债券余额分别为5.21万亿元、1.08万亿元和1.45万亿元，合计7.74万亿元。随着资本监管的加强与地方融资平台贷款调控，目前商业银行放贷能力较前些年显著下降，这为政策性银行业务扩张留下了空间，同时也意味着其发债融资规模仍有进一步放大的动力。

从市场构成来看，主要以政策性银行金融债券为主。2012年，政策性银行金融债券共发行173期，募集资金21237亿元，发行期数和规模占比分别为73.62%和82.21%，股份制商业银行共发行56期，募集资金3926.70亿元。另外保险公司和资产管理公司发行了6期，发行金额为670.00亿元。未来市场规模将越来越大。

从发行期限上来说，截至2012年底，三大政策性银行已经成功发行了3个月、6个月、1年期、3年期、5年期、7年期、10年期、

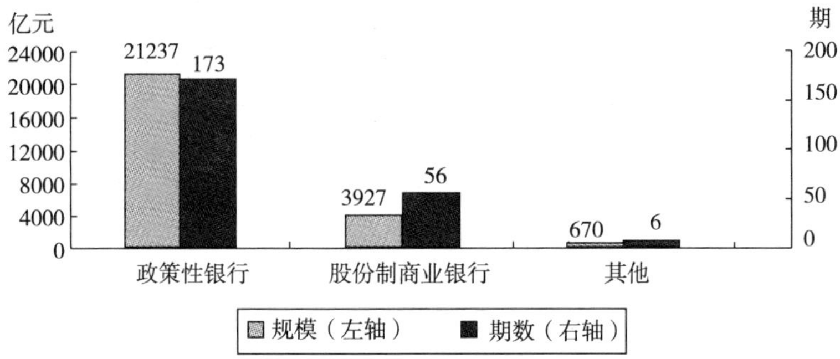

注：其他指保险公司金融债券、资产管理公司金融债券。

资料来源：中国债券信息网。

图 3－4　2012 年金融债券市场结构

20 年期、30 年期、50 年期等债券市场所有标准品种，为形成我国债券市场政策性银行金融债券收益率曲线奠定了重要基础。2012 年发行的政策性银行金融债券中，按照发行期数统计，其中，5 年期的债券发行最多，共计 43 期，占 24.86%；其次是 7 年期的债券发行了 39 期，占 22.54%；再次是 3 年期和 10 年期的债券分别发行了 29 期和 28 期，分别占 16.76% 和 16.18%。按发行规模统计，5 年期债券位居第一，共募集资金 6081.1 亿元，占 28.63%；其次是 7 年期债券，共募集资金 5137.2 亿元，占 24.19%；位居第三的是 10 年期和 3 年期债券，募集资金分别为 3360 亿元和 3192 亿元，分别占 15.82% 和 15.03%。

从发行政策性银行金融债券的品种来说，政策性银行进行了债券品种创新，推出了大量债券新品种，如增发债券、本息分离债券、零息债券、对称债券等，对于改善市场流动性，形成即期利率曲线，为其他金融产品定价提供了参照依据，为研究固定利率和浮动利率债券的掉期利率提供工具等方面发挥了重要作用。

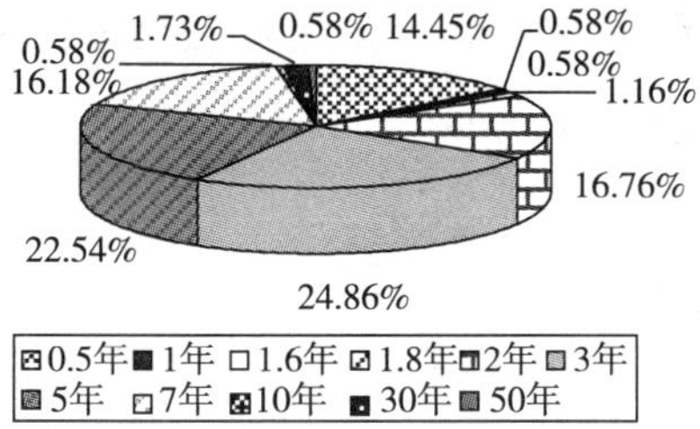

资料来源：政策性银行网站。

图 3-5　2012 年政策性银行金融债券期限结构分布（按发行期数统计）

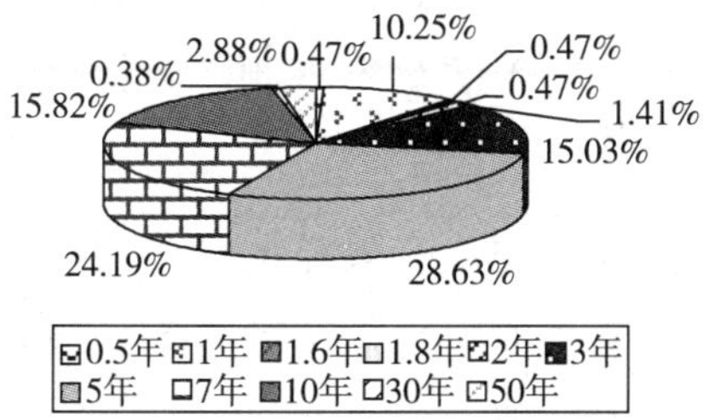

资料来源：政策性银行网站。

图 3-6　2012 年政策性银行金融债券期限结构分布（按发行规模统计）

3.2　政策性银行金融债券创新的必要性与可行性分析

随着金融市场化的不断深入，金融市场制度的日益完善，我国政策性银行先后产生了一些问题，如不进行创新、改革，政策性银行的处境将会非常被动，甚至面临丧失其作为政策性银行功能的尴尬局面。政策性银行金融债券是政策性银行的主要资金来源，对政策性银行金融债券进行创新，解决好其资金来源等众多问题，就是政策性银行创新的重要举措，同时对政策性银行改革甚至对中国经济金融发展也具有深远意义。下文笔者就政策性银行金融债券创新的必要性和可行性进行探讨。

3.2.1 创新的必要性

（一）政策性银行存在问题呼唤金融债券创新

1. 资金来源问题

政策性银行的资金来源主要靠财政划拨和发行金融债券，缺乏长期稳定的资金来源和完善的筹资机制。政策性银行的职能主要是配合国家产业政策和扶持对国民经济有重要影响的特定部门，其资金主要投入到大项目且短期没有效益的国计民生的项目中，这就决定了其资金来源必须是长期、稳定、低成本的巨额资金。由于中国的财政收入占 GDP 的比重较低，政策性银行的资金主要来源于向商业银行等金融机构发行金融债券、财政划拨和向中央银行贷款。政策性银行资金来源存在的问题主要包括四个方面。

（1）资本充足率偏低，缺乏健全的资本金补充机制。在政策性银行设立之初由政府提供部分或全部资本金，以后可逐年增资。资本充足率是衡量银行抗御信用风险和市场风险能力的标志，是最终偿还借款的保障。政策性银行的主要职能和资金的投向决定了其经营业务客观上具有回收期长、收益低和风险高的特点，为了稳定经营、防御风险，政策性银行需要更多的资本金、核心资本和附属资本。根据国际惯例，政策性银行的资本充足率不应低于商业银行。按照巴塞尔协议Ⅲ确定的资本监管新要求，为确保资本充分覆盖银行面临的系统性风险和个体风险，具有系统重要性银行的资本充足率应不低于 11.5%。近年来，受美国次贷危机和国际金融市场风险的影响，美国将这一指标又提高了 1 个百分点至 12.15%。此外，按照资本充足率的计算办法，即资本/加权风险资产，由政府担保的贷款不属于风险资产，其风险权重为 0，这就降低了加权风险资产，计算出的资本充足率偏高，因此，政策性银行的资本充足率应高于大型商业银行的资本充足率。目前，韩国产业银行（KDB）为 16.2%，日本开发银行（JDB）和德国复兴银行（KFW）的资本充足率也都高于 11.5% 的要求。

近年来，为了解决资本充足率不足的问题，我国政策性银行也进行了一些改革措施。例如，2011 年国开行将金融债券同其他金融债券资金一起，统筹用于“两基一支①”行业的中长期贷款项目。到 2011 年末，国开行资产合计 54409 亿元，股东权益合计 4078 亿元，核心资本 3972 亿元，资本总额 5775 亿元，核心资本充足率为 7.35%，资本充足率达到了 10.78%，略低于巴塞尔协议Ⅲ的标准。

此外，在中国人民银行研究局课题组 2006 年发表的《关于中国政策性银行改革的若干问题》中提到，“充实政策性银行的资本金，是向开发型银行转型的基本要求。我国政策性银行转型后，资本充足率也应与发展中国家综合类开发银行的资本充足率相当（如韩国产业银行为 16.2%，巴西开发银行为 14.3%），15% 到 20% 的资本充足率较为理想。”由此看来，国开行的资本充足率也是不达标的。目前，国开行资金筹集主要依靠在银行间市场发行金融债券，而发行政策性银行金融债券是国开行提升其资本充足率的重要途径，由此看来，对政策性银行金融债券进行创新是十分必要的。

（2）资金来源渠道单一。除了财政划拨和向金融机构发行金融债券以外，资金来源还包括：国家开发银行发行的财政担保债券，农发行使用的农业政策性贷款企业的存款及中央银行的再贷款，进出口银行使用的财政专项资金。随着政策性银行体制改革的深化及金融债券

① “两基一支”指国家基础设施、基础产业和支柱产业。

市场化运作的推进，国家信用支持力度的降低，在银行间发行大规模金融债券的难度越来越大。当前，政策性银行的资金来源过分依赖于商业银行和中央银行，如果遇到中央银行收紧银根、通货紧缩，政策性银行就很难持续获得长期、稳定、低成本的巨额资金。

（3）资产和负债的期限结构不匹配。资金的期限较短，从筹资难易程度和筹资成本的角度看，中国政策性银行发行的金融债券大都为 5 年期以下；资金使用呈现长期性，受政策性银行职能和经营目标所限，其发放的贷款多数在 5 年以上，甚至长达几十年，资产与负债的期限结构不匹配容易导致银行内部的流动性风险增加。

（4）负债的高成本与投资的低收益。目前政策性银行公开发行的金融债券的利率是由中央银行在综合考虑商业银行筹资成本及认购意愿的基础上确定的，金融债券的平均利率水平为 9% 左右，筹资成本较高。此外，金融债券属于债券的一种，要支付固定利息及到期偿还本金；而政策性银行在经营过程中，从国家的整体利益、社会效益角度出发，为配合国家产业政策、支持地区经济发展、扶持特定领域等不以营利为目标，这就决定了其资金投向通常是经济效益较差甚至亏损但社会经济效益较高的特定产业，且短期内很难收到成效，再加上其业务的非营利性和优惠性等，政策性银行信贷资产质量不高，贷款利率的优惠与高成本的资金来源使得政策性银行亏损越来越多，在国家财政紧张的情况下，补贴也难以为继。政策性银行“负债”与“资产”之间的矛盾决定了政策性银行经营风险较高，由此看出政策性银行要想持续健康稳定地发展，必须进行政策性银行金融债券的创新。

2. 资金运用问题

政策性银行资金运用的过程体现了政策性银行职能的发挥情况，由于受行政干预、运用机制不成熟等影响，政策性银行在资金运用方面还存在许多问题。

（1）业务单一。政策性银行在成立之初就确定了其主要的业务范围，在计划经济向市场经济转轨的过程中，政策性银行承担了宏观调控、实现政府发展战略目标、产业政策等使命。三家政策银行的主要业务包括农副产品的收购和储备，基础产业、基础设施和重点项目建设，大型成套设备的进出口等。在经济条件和金融环境发生变化的情况下，政策性银行的业务规模萎缩、发展模式也面临着改革的压力。传统的职能定位与业务，已经不能适应新时期发展的需要，业务领域需要根据经济发展作相应的动态调整。否则单一传统的业务可能会影响政策性银行存在的必要性。

例如，近年来，机电产品的国际竞争力显著提高，不再需要政策性贷款的支持，为适应我国对外贸易和进出口发展的需要，进出口银行需要适时调整业务领域；随着浙江、广东等地实行粮食流通体制改革，粮食购销逐步市场化，农发行在粮棉油的收储贷款方面业务萎缩，迫切需要拓展其他政策性业务；国开行“两基一支”的传统业务也受到商业银行的竞争。

（2）资金运用与期限不匹配。由于受政策性目的所限，政策性银行主要经营中长期贷款业务，且不以营利为目的，对特定产业领域或对国民经济发展有积极作用的产业部门提供金额巨大、政策优惠的长期贷款，期限多在 8 ~ 20 年。由于这些产业经营效益差、潜在的风险较高，能否收回本息都尚不确定。短期资金被长期占用，缺乏流动性，难以实现良性循环，而通过政策性银行金融债券的创新则有助于解决这一问题。

（3）对信用风险重视不够。目前这种通过大量发行政策性银行金融债券的形式为政策性银行筹集资金造成国家信用的流失，购买政策性银行金融债券的利差被商业银行占有。国际上权威的信用评级机构如标准普尔、穆迪等公司对我国政策性银行金融债券的评级也是以准政府债券评级。但由于其票面利率一般高于国债造成部分国家信用外溢，加之长期以来，政策性银行的贷款等同于财政拨款，即使贷款存在风险，造成的损失也是由国家为之兜底，放贷者忽视信用风险问题，造成了实践中的贷款不计规模、不计利息、不计偿还期限等问题。这就要求政策性银行按照现代银行制度的要求建立起内部风险治理结构及有效的激励约束机制，形成完备的风险管理体系。这些问题都需要机制上的创新来解决。

政策性银行存在上述问题，迫切需要对融资方式、资金使用等进行改革，对政策性银行金融债券进行创新。通过创新建立多元化筹资来源和健全风险补偿机制，在实现政策性银行运作方式市场化的基础上，提高防范系统性风险的能力，为国家的产业政策和社会经济发展战略目标服务。

（二）金融债券创新对政策性银行改革的作用

政策性银行存在的问题严重制约了其作用和功能的发挥，存贷利差缩小以及资本市场快速发展导致的“脱媒”现象①都降低了银行的盈利空间。当前，1/3 的政策性银行亏损和大量不良资产导致了其业务和经营的不可持续性，为了防止出现市场规模萎缩、经营失败、破产等困境，政策性银行必须进行市场化改革。为了适应国内外经济和金融环境的变化，政策性银行需要主动拓展金融创新业务，立足于市场融资模式。实施政策性银行金融债券的市场化运作，能带来新的融资渠道、更稳定的资金来源、极具潜力的客户群体等。随着资产证券化的不断发展，世界各国的政策性金融机构都走上了传统银行信贷业务与资本市场相结合的道路，这是一个不可逆转的世界潮流。中国政策性银行要生存，就不能不进行相应的改革创新。通过政策性银行金融债券业务的创新来实施传统银行信贷业务与资

① “脱媒”现象（disintermediation）一般是指在进行交易时跳过所有中间人而直接在供需双方间进行。

本市场相结合，可以解决如下问题：

1. 减轻资本金压力

正如前面所述，中国的政策性银行缺乏资本金补充机制，放贷能力受限。如果政策性银行实行金融创新，推进长期资产证券化，我国政府缺乏对政策性银行动态注入资本金的制度，在财政不能增资，又要控制信贷风险的情况下，可以弥补实际融资能力与融资需求之间的缺口，增强融资能力，维持较高信用评级。具体创新措施如下：

（1）通过使用市场化业务运作方式，开展政策性银行金融债券创新，增加银行的核心与附属资产。在不增加风险资产的情况下，取得稳定的收入来源，补充资本金，资本充足率提高，进一步增强盈利水平和自我发展的能力。

（2）通过主动拓展金融债券创新，将传统银行信贷业务与资本市场相结合，对存量和增量资产进行证券化。可以将一些未到期的贷款，通过资产证券化的方式提前收回，降低偿还期限。也可以通过证券化将一些风险资产从资产负债表剥离出去，从而降低风险资产的权重，资本充足率增加，提高了其支持经济发展的能力。通过金融债券的创新可以为政策性银行开辟新的资金来源和运用渠道。借助于资本市场，向广大投资者筹集资金，增强政策性银行对金融市场变化的适应能力。

2. 增强资金流动性

受政策目的所限，政策性银行贷款期限较长，资产和负债期限不匹配，潜在的流动性风险很大。国开行贷款的平均剩余期限为 5.15 年，从 2011 年底的数据来看，在总资产中，信贷资产占 84.2%，中长期贷款占 80.36%，1 年期以下贷款占比却不到 1%。利用资本市场进行金融创新，政策性银行可以增强资金流动性和市场应变能力，降低流动性风险和市场风险。证券市场融资效率和流动性明显高于传统的信贷融资。（1）按照资产负债综合管理要求，政策性银行可以通过持有一定比例的国债、金融债券等来调整资产的构成。(2)可以在金融债券未到期的情况下通过资产证券化的方式提前变现。(3)对于不良资产可以通过债券发行、股票上市、重新注资等资产重组的方式达到资产升级。

政策性银行通过金融债券创新，可以增强收益的稳定性、平衡资产和负债的期限，使业务平衡发展。通过资本市场和借贷市场上的互补性，使得政策性银行在面对流动性风险时，具有较高的灵活性和抗风险能力。

3. 建立风险防范机制

受政策目的所限，政策性银行主要向特定领域或部门发放利率优惠、期限长、金额巨大的中长期贷款，承担着高于商业银行的风险。具体来说，(1)政策性银行的资金来源于财政拨款和商业银行的金融债券，到期必须还本付息，否则商业银行就会发生支付危机，其存款及时支付的义务与贷款不可避免的风险，两者极不对称。(2)政策性银行所发放的贷款期限长、所投资项目风险较高，能否按期收回本金的不确定性很高，信贷风险很大。(3)社会信用体系不完善影响贷款的偿还。长期以来，大家认为政策性贷款等同于财政拨款，企业还款积极性不高，而政策性银行在贷款项目评审、管理信贷质量上也不严格，因为政策性银行的亏损往往都是由政府买单。通过资本市场金融创新，把政府的信用、银行的信用结合起来，可以很好地解决信用风险防范问题、增强化解风险的能力。

3.2.2 创新的可行性（外部条件和内部条件）

(一)政策性银行金融债券创新的外部条件

1. 经济、金融全球化

全球化是现代金融发展的一个必然趋势，不同国家之间的联系与相互影响日益增强。国际金融市场的整合，打破了金融机构之间的业务边界，促进了银行国际业务的多元化、一体化，加强了国家经济增长相互作用的关系。国际金融市场，汇率、利率的波动，新技术革命和电子银行业务的发展，促进了银行类金融机构的金融创新。

银行国际业务创新和国内业务创新，相互交融，促进业务创新的发展。可以充分利用国际市场上缺乏强有力的监管机构和相对弱化的财务控制，以及不同国家间的制度差异进行创新。金融创新通常是第一次出现在国际市场上，试点成功后再引入国内市场。政策性银行金融债券的创新也是一种金融创新，金融、经济全球化为之提供了有利的外部条件。

国际金融市场是创新的发源地和有力的推广工具。国际市场上更倾向于接受新事物，政策性银行金融债券的创新将在国际银行界推广并进入国内市场。金融全球化的趋势不可阻挡，它会向中国推出创新产品，同时迫使中国在国际金融市场上积极创新、不断改进。所以说，金融全球化为政策性银行金融债券的创新提供了很好的外部条件和机遇。

2. 全球经济格局的演变

国际金融危机之后，全球经济受到了沉重的打击，美国则进入一个缓慢增长的阶段。随后蔓延的欧债危机造成欧盟深陷于金融危机的泥潭。全球危机和欧债危机沉重打击了欧盟乃至全球金融市场，对欧美经济金融政策将产生长期影响。进一步加强金融市场管理的目标提高了金融创新的成本，资本账户管制将得到加强，资金流动可能产生障碍，资本、产品和技术的输出输入受到一定程度的控制，这将对金融债券的创新和发展产生负面影响。与此同时，中国经济发展表现出良好势头，2011年国内生产总值增长9.2%，2012年的经济增速依旧较高，为7.8%。中国的金融体制改革进一步推进，并将适时推进利率和汇率的市场化改革，凭借其巨大的潜在市场和广阔的增长空间，中国将在全球经济格局演变中处于有利地位，宏观经济优势和良好的发展势头，客观上有利于推进我国政策性银行金融债券的创新。

3. 电子信息技术的发展

进入21世纪，金融创新朝着电子化、自动化的方向发展，计算机技术和网络技术的进一步发展为互联网金融的诞生和发展作出了贡献，不断出现的新技术被广泛用于传统业务领域（存款、转账、汇兑等）和新兴业务领域（外汇买卖、金融期货、在线支付等）。网络信息技术的发展促使金融虚拟化、无纸化，电子数据传输代替了传统的资金流动，计算机和现代通信技术的结合成为全球金融一体化的纽带，银行实现了3A的交易模式。自动取款机（ATM）、智能卡、电话银行、网上银行等在中国得到广泛的推广和应用。电子信息技术的发展降低运营成本、提高了银行的收益，也为推动政策性银行金融债券的创新提供了有力的技术支持。

4. 宽松的市场准入政策

此前，政府严格控制政策性银行，在筹资、贷款项目评审、风险管理、基金管理、投资业务等方面严加监管，政策性银行的业务创新束手束脚。随着政策性银行向商业化转型的改革思路的确立，国家将逐步放松对三家政策性银行的行政干预，通过制定方向性和原则性的要求，使政策性银行在市场经济中自主经营。借助于政府的政策支持、法律保证和信用支持在得到审批或备案后进行金融债券业务的创新，在政策上极大地为政策性银行金融债券的创新提供了便利。

（二）政策性银行金融债券创新的内部条件

从事批发业务的政策性银行，在很大程度上是市场经济的重要组成部分，它有证券融资和信贷融资两种方式，只是金融创新的技能和程度不太高。政策性银行借助资本市场进行金融债券创新具有四个方面的有利条件。

1. 信用优势

政策性银行以国家信用为背景，享有主权或准主权的信用评级，在信用等级上优于一般商业银行。享受国家信用的本质是“政府提供担保”，政府通过明确的法律条文为政策性银行的负债提供担保，其信用等级提高到国家主权级水平，其发行的政策性银行金融债券被认为是“政府债券”或“金边债券”，根据主管部门规定，政策性银行的境内金融债券豁免评级。由于其风险小，容易被市场接受，从而有利于在市场上以较低的融资成本筹集到巨额资金。

在国际资本市场上，较高的信用评级和良好的国际形象是降低筹资成本和成功筹资的关键。2011 年，国际三大信用评级公司标普（S&P）、穆迪（Moody's）和惠誉（Fitch Ratings）对国家开发银行的评级分别为 AA－、Aa3 和 A＋[①]，均与中国主权评级相同。

2. 综合协调优势

政策性银行与地方政府、行业主管部门建立了密切的工作关系，政策性银行在项目评估上制度严格，技术力量雄厚，拥有诸多业内专家和较高的风险控制能力，它们可以转化为政策性银行的综合优势。截至 2012 年，国家开发银行已经与 24 个省、市和自治区签署了金融合作协议，与经贸委、计委和行业主管部门建立了密切的合作关系。到目前为止，初步建立了政府信用、市场信用、企业信用、社会监督和法律保障相结合的信贷结构，将政府的组织优势转化为信用风险缓释优势，这些都是政策性银行金融债券创新的天然优势。

① 资料来源于国家开发银行 2011 年度报告。

3. 客户资源优势

政策性银行主要为特定产业部门和重点行业提供数额巨大、政策优惠的长期贷款，彼此间建立了长期合作关系。目前，国家大中型项目贷款占国开行全行贷款余额的98%，其中贷款的80%投向铁路、公路、电力、城建、电信、石化等行业。国开行与优质大客户合作开展资本市场化运作，既有利于实现政策目标、支持国家的大中型项目的建设，又可以降低信用风险，极大地提高了政策性银行金融债券创新的有效性、长期性和稳定性。

4. 有市场化发债经验

政策性银行金融债券横跨信贷融资和证券融资两大领域。1998年，国开行和进出口银行开始探索市场化的筹资方式，组织承销团并建立金融债券的市场化发行机制，由中央银行派购方式转向市场公开招投标方式，建立了与资本市场的接口。2000年，国开行金融债券已经全部市场化发行。此后，国开行又进行了金融债券品种的创新，推出了大量新品种债券，包括增发债券、零息债券、本息分离债券、对称债券等，为发展我国金融债券市场积累了宝贵经验。未来，政策性银行应继续寻求扩大发行金融债券的范围，并提高债券的流动性。通过组织债券承销团、券商或商业银行柜台面向社会公开发行债券，并委托交易所托管，上市交易，增强其在二级市场的流通性。这些都为政策性银行开展金融债券的创新打下了良好的基础。

3.3 国开行债券发行创新情况

以国家信用为基础，国开行主要通过在国内外发行金融债券来筹集资金，支持中长期贷款业务的发展，在资产负债表中，金融债券占总资金来源的80%。国开行发行金融债券可以分为两个阶段，

1998 年以前为计划派购阶段，此后采用市场化发行。1998 年 6 月，国开行首次探索市场化发行债券，从市场化发债评估、论证和准备发债，到 1999 年市场化发债份额占 90% 以上，2002 年以后全部采用市场化形式发行金融债券。到现在为止，国开行的发债规模仅次于财政部发行的国债。

3.3.1　国开行金融债券产品创新

从 1998 年开始，国开行开始采取市场化招标方式发行金融债券，对债券产品和分配方法进行不断创新和探索。例如，率先在国内推出 20 年期和 30 年期的长期品种，形成了从 3 个月至 30 年银行间市场收益率曲线；并根据市场需求情况选择招标方式，当预测市场需求较小时，采用荷兰式招标①，而当预测市场对当期债券需求较大时，采用美国式招标②，以减少利率被操纵的可能性，从而中标利率会更接近于真实市场情况，反映债券的真实信息。过去十几年间，国开行先后发行的创新债券有浮动利率金融债券、投资人选择权债券、发行人选择权债券、资产支持证券、香港人民币债券等。

（一）浮动利率金融债券

1999 年 3 月国开行在银行间债券市场推出国内第一只浮动利率

① 荷兰式招标又称单一价格招标，是指按照投标人所报买价自高向低（或者利率、利差由低而高）的顺序中标，直至满足预定发行额为止，中标的承销机构以相同的价格（所有中标价格中的最低价格）来认购中标的国债数额。荷兰式招标是以所有投标者的最低中标价格作为最终中标价格，全体中标者的中标价格是单一的。标的为利率时，最高中标利率为当期国债的票面利率；标的为利差时，最高中标利差为当期国债的基本利差；标的为价格时，最低中标价格为当期国债的承销价格。

② 美国式招标（多种价格招标）是指中标价格为投标方各自报出的价格。标的为利率时，全场加权平均中标利率为当期国债的票面利率，各中标机构依各自及全场加权平均中标利率折算承销价格；标的为价格时，各中标机构按各自加权平均中标价格承销当期国债。

债券。在1999年和2000年开始发行初期，浮息债券是国开行的主要发行品种，期限为7年期和10年期。后来，又增加了3年期、5年期等债券标准品种。

浮动利率债券的特点是：利率随年浮动，每个计息年度票面利率等于该年度首日1年期定期存款利率加上固定的基准利差。如果预期金融机构将下调1年期存款利率，发行浮动利率债券有利于发债人，节省发债成本。

为了对浮息债券进行改良和创新，国开行在2010年又推出了可调换的浮息债券，即两只债券在到期之日可进行等面值相互调换。例如在2011年6月，国开行发行了两只可调换债券，分别是11国开36和11国开37，两只均为7年期浮动利率债券，其中11国开36为Shibor[①]浮息债（基准利率为3M Shibor），11国开37为Depo[②]浮息债（利率基准为1年期定存利率），计划发行150亿元。两只债券在2012年6月9日和2013年6月9日可等面值相互调换。在市场加息预期日益浓重和资金面紧张的市场环境下，两新债身兼浮动计息与互换条款两项特性，有助于争取更多的认购筹码。11国开36获得153.4亿元有效认购，招标倍数为2.05；11国开37获得118.1亿元有效投标，对应认购倍数为1.57。

（二）投资人选择权债券

2002年4月，国开行首次公开发行了20年期固定利率的投资人选择权债券，规定在第10年首日债券持有人可选择由发行人以现金赎回全部或者部分债券。

投资人选择权债券的特点是，当持有期内市场利率大幅增加，或者债券持有人找到更好的投资项目时，投资人可要求发行人按面

① Shibor利率是指上海银行间同业拆放利率。

② Depo利率是指定期存款利率。

值提前将债券赎回。含选择权的债券相当于给了投资人一个欧式看跌期权，方便了投资人对资产的期限进行管理。当然，投资人需要为这个欧式期权支付一定成本，即享有较低的投资收益率。例如，上述国开行发行的 20 年期含选择权债券的中标利率比当时 20 年期的普通金融债券（相同信用评级）的市场收益率低了 85 个基点，甚至比 10 年期的金融债券收益率还低 15 个基点。国开行在 2011 年 12 月发行了 150 亿元 10 年期的投资人选择权（3 +7 年）债券，票面利率为 3. 49%，投资人可选择在 2014 年 12 月 21 日向发行人全部或部分回售该债券或继续持有该债券至 2021 年 12 月 21 日。该债券后 7 年的票面利率在第一年基础上加 50 个基点。

（三）发行人选择权债券

国开行于 2002 年 6 月首次推出发行人选择权债券，至今已经发行多期。

发行人选择权债券的特点是，规定发行人可选择在发行后某年的首日按面值赎回全部债券，且其偿还次序位于一般债券之后，即性质上类似于次级债。在中央银行尚未对政策性银行发行次级债作出明确规定之前以债券品种创新的方式，发行含发行人选择权的债券补充资本金，实际上是发行次级债。国开行为什么要在次级债券上加上发行人选择权呢？根据巴塞尔新资本协议有关规定，次级债务的资本效率随着时间的推移而降低，作为次级资本，10 年期的次级债在第 5 年后成本开始递增，因此绑定发行人选择权，在市场利率不发生重大变化的情况下，可以赎回债券以节约发债成本，国开行希望在 5 年后当市场利率不发生重大逆转的前提下，能够将这批次级债性质的债券赎回以节约资本成本。

例如，2002 年国开行刚开始推出此类债券时，共推出 3 期发行人选择权金融债券（02 国开 06、02 国开 15、02 国开 18），根据上面说明，国开行规定这三期债券的招标利率为前五年的票面利率，即投资人在投标时应结合5年期普通金融债券的收益率和发行人选择权期权的价格。根据实际的中标结果发现，02国开06中标利率为2.1466%，与5年期普通金融债券的利率几乎相当，当时市场向好，占了品种创新的先机；02国开15和02国开18的中标利率与5年期普通金融债券的利率相比高出了40个基点左右，该利差反映了发行人选择权的成本，相当于期权的价格。

（四）资产支持证券

2005年12月国开行首次发行资产支持证券，总额41.7727亿元开元信贷资产支持证券发行成功，该债券是由国开行发起，中诚信托投资公司作为发行人，通过中央国债登记结算公司的招标体系发行的。资产支持证券的特点包括：

（1）对贷款按照不同期限，不同利率，不同类型进行分解重组，对贷款进行重新组合定价，并以该资产为基础发行具有不同风险和回报水平的“结构性收益证券”，从而达到提高银行的自身信贷资产质量，增强信贷资产流动性，降低信贷风险的目的。公开发行的资产支持证券也使得投资者的信贷资金，从银行业监管变为投资者共同监督，这将有效地降低不良贷款的比例，改善信贷资金运行效率。

（2）资产支持证券的发行为投资者提供了一种高收益金融债券产品。通过资产证券化将原本不具有流动性的资产转变为收益稳定、风险较低的可流通资产，借款者和投资者建立直接联系，使得原来不能投资于消费信贷、抵押信贷和商业信贷的投资者可以投资这些资产支持证券，并为金融和非金融机构提供了更多的投资和融资渠道。

（3）对于为资产支持证券化提供服务的中介机构而言，《信贷资产证券化试点管理办法》选择以特定目的信托方式进行试点，使信托机构成为资产证券化交易的核心参与者，信托机构应抓住这个机会提高执业素质和管理能力，并借助于该金融创新业务为投资者提供更优质的信托服务，为自身发展创造空间。资产支持证券已成为我国资本市场上极具前景的投融资工具。

（五）香港人民币债券

香港的人民币债券市场开始于 2007 年。2007 年 7 月，国开行在香港发行了第一只人民币债券，拉开了香港人民币债券发行的序幕。此后，各项政策也随之出台，发行人市场准入、发行程序和流程上日趋规范化，香港的人民币债券市场规模保持了高速增长状态。截至 2012 年底，香港人民币债券总计发行了 2909.07 亿元，其中 2012 年共发行了 950.6 亿元，2011 年发行了 1163.2 亿元，2010 年发行了 410.8 亿元，2009 年发行了 164.47 亿元，2008 年发行了 120 亿元，2007 年发行了 100 亿元。详情如图 3 - 7 所示：

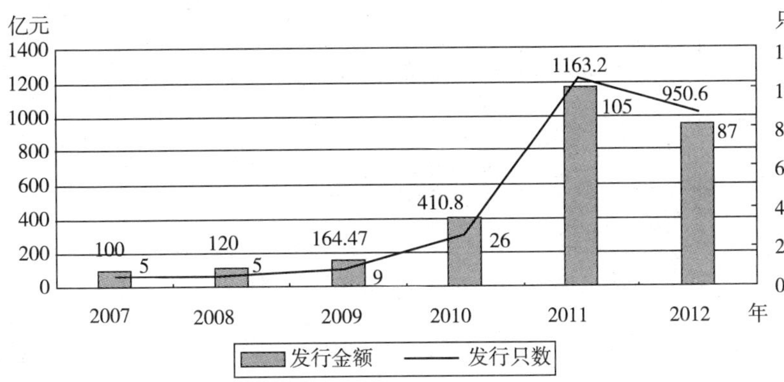

资料来源：WIND 资讯 。

图 3 - 7　2007 ~ 2012 年香港人民币债券发行量概况

国开行自 2007 年率先在香港发行人民币债券以来，5 年已累计发行 190 亿元，在规模、品种、期限方面持续创新、深耕不辍，深受离岸人民币投资者的青睐。2012 年发行的 60 亿元债券又创多项第一：首创15年和20年两个超长期品种，首次面向非洲中央银行定向配售，欧洲、中东、非洲投资者认购占比首次突破60%。除此之外，国开行还发行了零息债券、对称债券和本息分离债券等创新债券产品。

3.3.2 其他方面创新情况

国开行作为中国债券市场最主要的发行体之一，历年发行人民币债券的情况如图3－8所示：

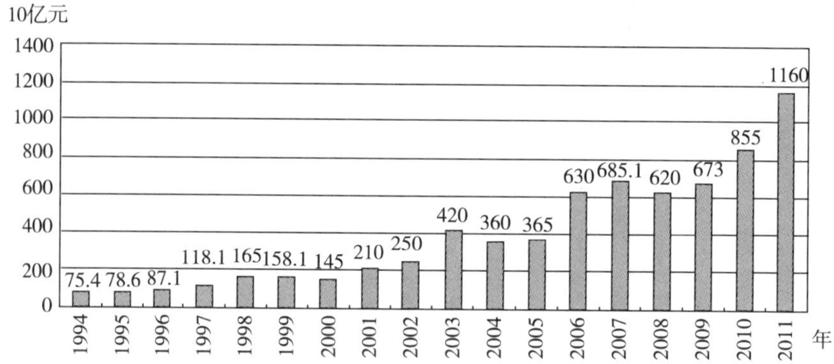

注：因统计口径变化，2007年债券发行量调增50亿元人民币。

资料来源：2011年国开行年报。

图3－8　1994～2011年国开行发行人民币金融债券情况

截至2012年底，国开行债券发行总量已突破8万亿元，占银行间市场债券存量的1/4左右，发债总额仅次于财政部。以下从发债期限结构、国内外资本市场发债等多角度来阐述国开行金融债券的创新情况。从发债期限结构来看，国开行发行的金融债券期限结构已经包含了3个月、6个月、1年、3年、5年、7年、8年、10年、20年和30年等多种不同期限。

表 3－2　　1999～2012 年国开行发债期限结构列表　单位：10 亿元

期限＼年份	1999	2000	2001	2002	2003	2004	2005	2006	2007	2008	2009	2010	2011	2012
短期（1 年以内）	30	20	30	50	90	40	45	160	10	—	—	40	15	—
中长期（1～5 年）	23.5	23	25	35	120	205	110	205	271	390	170	95.4	53.6	57.6
长期（5～10 年）	105	102	130	145	200	90	95	161	364	195	268	54.3	47.1	43.2
超长期（10 年以上）	—	—	25	20	10	25	115	104	40	35	132	95	42	30

资料来源：WIND 资讯。

根据表 3－2 可知，从 1999 年开始，国开行发行 5 年期至 10 年期的长期债券力度逐步加大，1999～2002 年，长期债券（5～10 年）占比分别为 66.5%、70.34%、61.9%、58%；在这几年中，1 年期至 5 年期中长期债券的发行数量却较低，占总发债比例分别为 14.62%、15.86%、11.9%、14%。从 2003 年起，中长期金融债券的发行数量有明显增加，从 2002 年的 350 亿元增加到 1200 亿元，增幅高达 243%，之后一直保持较高水平，并于 2008 年达到最大值 3900 亿元。在发行长期债券方面，从 2006 年发行总额限制增加，2007 年长期债券的发行量最大，高达 3640 亿元。从 2001 年开始，国开行调整了新发行债券的期限，开始发行 10 年以上的超长期债券，这将使政策性银行的资产和负债期限更加匹配。为加强资产负债期限匹配管理，防范中长期贷款可能产生的流动性风险，2009 年发行的金融债券平均期限为 9.3 年，较之前平均延长了 1.5 年。其中 2005 年、2006 年和 2009 年发行的超长期金融债券均超过 1000 亿元人民币，这说明为了积极应对体制改革和经济下行的双重调整，国开行通过超长期债券融资的方式，继续支持中长期贷款业务的发展，贯彻国家的产业政策目的。

从在国内外资本市场发行的外币债券来看，国开行在2003年首次发行境内美元债券5亿美元；2004年12月28日，第二次发行外币债券，又在银行间市场发行了5亿美元的境内美元债券，其中，4亿美元是5年期浮动利率债券，1亿美元是3年期的固定利率债券。2005年连续发行两期境内美元债券，筹资总额11.3亿美元。经中央银行批准，国开行的境内美元债券可以在二级市场上市流通，这进一步提高了国内美元债券对投资者的吸引力。2010年国开行又发行一期境内美元债券，筹资金额达4亿美元，至此，国开行在境内发行的美元债券已累计达41.3亿美元，成为境内外币债券的第一发债实体，积极推动了外币债券在境内的发展。2004年国开行重返国际资本市场并在纽约发行了价值6亿美元的10年期美元债券，以及价值3.25亿欧元的5.5年期欧元债券，这是国开行首次发行欧元债券，也是国内继财政部之后的第二家发行欧元债券的实体。

此外，在债券承销方面，国开行作为主承销商，首发市场多个创新产品，包括首只簿记建档债券，首只含权债券，首只交易所网上发行债券，首只Shibor定价债券，首只招标发行债券，首只中小企业集合债，首只地方政府债，首只区域集优模式中小企业集合票据，首只主权级的汇金债等。

在资金交易方面，首推人民币利率掉期、人民币外汇掉期、外汇期权；在推动人民币离岸市场发展方面，完成了首笔跨境人民币债券交易，把握人民币定价权，主导了几乎所有的债券品种创新。

总之，国开行是中国最重要的债券发行体之一，其资金来源主要依靠在中国债券市场发行金融债券。国开行具有非常强烈的金融债券创新意识，一直主动参与金融债券的发展和创新，在市场化筹资过程中开展的各项债券的创新均对推动我国债券市场的建设和发展作出了巨大贡献。

3.3.3 对我国政策性银行金融债券创新的思考

3.3.3.1 融资来源的创新

（一）完善金融债券的二级市场，扩大金融债券的发行范围

1. 向特定机构定向发行金融债券，增加资金来源。

由于金融债券的供应和需求不平衡，金融机构的投资需求无法满足，获中国人民银行批准，政策性银行可以向资金宽裕的金融机构定向发行金融债券，以满足它们的投资需求，纾缓债券发行市场供给和需求之间的矛盾，这也有利于改变由于金融债券缺乏供给而导致在二级市场上卖方处于有利地位（卖方市场），交易不活跃的状况。

2. 面向社会公开发行政策性银行金融债券，扩充资金来源。

由于政策性银行金融债券供不应求，在二级市场上也是处于卖方市场，交易不活跃，这进一步制约了一级市场的发行情况。为了推进和深化政策性银行金融债券的市场化运作，应面向社会公开发行政策性银行金融债券。具体思路是通过商业银行的柜台在部分大城市试点发行，采用记账式发行，并逐步将金融债券的发行范围扩大到非银行、非金融机构和自然人。扩大债券的发行范围，不仅可以扩充政策性银行的资金来源，也会降低债券的筹资成本。

（二）积极探索海外融资渠道，在境外资本市场发行政策性银行金融债券

在国际资本市场进行债券融资，可采取本币和外币两种形式。目前，国开行已成功在境外资本市场发行外币债券。政府应为政策性银行在国际资本市场发行债券融资提供担保，或者建立相应的信用保证保险机构，以国家信用为基础，由国家充当“最后担保人”，可以提高发债机构的信用，有利于降低筹资成本，当政策性银行的

评级低于规定标准时，允许投资者提前兑现。中国进出口银行1996年在日本成功发行了第一笔武士债券，由于时机成熟、定价合理，销售很成功，被《美国金融评论》这一权威期刊评为年度最佳武士债券发行。1999年5月，国开行首次在国际资本市场上公开发行金融债券，总额达5亿美元，引起了国际金融界的广泛关注，这也是我国金融机构第一次在国际资本市场上发行金融债券。2003年，国开行又首开境内美元债券发行的先河——发行5亿境内美元债券。

（三）向社会保险基金定向发行金融债券

政策性银行利用社保基金的方式主要有两种：一种方式是直接吸收社保基金的存款，通过开立存款账户将资金存入政策性银行，具体利率由双方协商决定，政策性银行按照相关法律规则，合理使用社会保险基金，社会保险机构有权了解政策性银行对社会保险基金的投向、贷款使用情况及经济效益等。另一种方式是由政策性银行有针对性的向社会保险基金发行政策性银行金融债券。然而，自1999年以来，政策性银行已实施市场化招标方式发行金融债券，社保基金的参与不利于商业竞价机制的改善和公平，不是一种理想的参与方式。

所以，二者的融合存在一些需要解决的问题。首先，要有相关的法规约束，出台相应的法规，详细规定二者在融合中的职责和义务，特别要限定政策性银行对社会保险基金使用的风险约束。其次，对业务融合的管理要规范，政府建立（指定）统一的协调机构，处理特殊情况下因双方业务的政策性而产生的矛盾，并帮助解决一些特殊的、暂时性的资金周转困难。只有这样，才能将政策性金融融合的方案付诸实施，并在实践中不断得到完善和发展。

3.3.3.2 发行及承销的创新

（一）发行的创新

1998年以前，在政策“特许”和行政协调下，政策性银行首先通过“行政派购”方式向商业银行、邮储等机构发行债券。实践证明，“行政派购”非市场化发行债券，难以长久维系。1998 年，我国政策性银行进行了金融债券发行的创新和改革。在政策性银行中，国开行率先提出了“在市场环境下，银行框架内”政策性金融的运行方式，强调转变资金筹集方式，通过“国家信用证券化”，充分体现资本市场筹资的高效率。由此，我国政策性银行确立了以“市场化招标”方式发行金融债券的改革方向，初步建立了市场化的筹资机制。由“派购发行”发展到了“市场化发行”，是我国政策性银行金融债券发行方面最大的创新。

表 3 – 3　　中国政策性银行金融债券发行情况　　单位：亿元

年份	国家开发银行	中国进出口银行	中国农业发展银行	总计
1999	1611	140	—	1751
2000	1450	195	—	1645
2001	2100	490	—	2590
2002	2356. 3	575	—	3111. 3
2003	4205	320	—	4525
2004	3605	340	—	3945
2005	3661. 3	405	—	4066. 3
2006	6316	680	—	6996
2007	6807. 7	1637	—	8444. 7
2008	6202	1793. 7	—	7995. 7
2009	5700	1963. 7	500	8163. 7
2010	7732	1892. 7	—	9624. 7
2011	10649. 1	3950	500	15099. 1
2012	10566. 4	4392. 8	292	15251. 2

资料来源：WIND 资讯。

实践证明，“市场化招标”发债方式为政策性银行开辟了稳定的资金来源渠道，其中，从表 3 – 3 可以看出，国开行 2011 年债券发行实现了第一个1万亿元的突破，截至2012年末，国开行金融债券全年发行量再创历史新高，再次超过了1万亿元，实现了第2个1万亿元的突破，推动完善了我国债券发行的市场体系，促进了我国融资体制改革的深入和取得实质性突破。进出口银行和农发行一样，自从实行了市场化发债的金融债券发行创新之后，发行金融债券的规模也是稳步提高。

政策性银行债券发行量的稳步提高表明，“市场化招标”发行方式符合投资人利益，以其公开、公平、公正和互惠互利共赢的原则，得到市场的肯定。多年来，政策性银行金融债券以其良好的市场信誉在金融市场上占有重要的地位，2012年在银行间债券市场存量中占据30%的份额（不包括中央银行票据）。

（二）承销的创新

1. 进一步完善金融债券承销制度。

（1）采用承购包销制。国际上发行债券多采用这种包销制度，由承销商按照商定的价格从发行人手中购买可供出售的债券，然后再出售给一般的投资者。承销过程中，承销商要承担债券不能完全出售及在销售时债券价格下跌的风险，发行人承担的风险较小。目前，我国的政策性银行通过竞价招标方式发行金融债券，发行人必须面对每一个承销商，在发行人与承销商之间存在利益冲突，使双方难以协调和沟通，而承销商又不承担包销义务，此时发行人的风险较大，所以有必要对政策性银行金融债券承销进行创新，采用承购包销制，有助于承销商控制在售出和销售过程中由于债券价格下跌所造成的风险。

（2）健全金融债券承销中的信息披露制度。以美国为例，其具体程序为：发行人先选择主承销商—主承销商进行项目设计并向监管部门提交材料—监管部门对申报文件的全面性、真实性、准确性和及时性作形式审查—在法定期间内监管部门无异议即代表发行申请自动生效。在该机制下，监管部门不对发行行为及债券本身作出价值判断。美国《证券法》和《证券交易法》对披露文件的内容和格式都作了严格规定，其信息披露采用完全披露原则，对发行人的内部状况给予全面、准确、及时地公开，严禁错误信息和各种欺骗信息的传播。信息披露内容、范围和时效的规范性，提升债务融资工具注册及信息披露工作的效率和质量，从源头上确保债券发行的公平、公正、公开和透明，提升债券市场运行效率，保护投资者利益。

2. 建立高效、规范的分销机制。

关于政策性银行金融债券承销的另一项创新也是关于制度方面的创新，即建立高效、规范的市场化分销机制。

所谓“高效”是指：目前我国的债券分销体系不是非常健全，建立和健全债券的分销体系，除了保障政策性银行金融债券顺利发行之外，还有助于已发行的金融债券在二级市场流通，提高其流动性，对金融机构的资金运营也会产生积极影响。

所谓“规范”是指：建立规范的以市场为导向的分销体系，既可以扩大债券发行范围，又能有效地控制发债成本。扩大分销对象，会降低承销人的分销成本，这必将激发承销人参与政策性银行金融债券发行的积极性，随着承销人的踊跃参与，政策性银行的发行风险会显著降低。

长期而言，建立高效、规范的市场化分销体系，有助于将债券发行人和市场参与者紧密联系起来，发行人可以更加有效地控制发债成本，降低发债利率和市场利率的利差，对于所筹集的资金也会有更恰当的运用方式。

（三）产品设计的创新

近年来，政策性银行金融债券的产品设计以创新求突破，用创新和发展的眼光，适应市场需求，稳定金融债券发行成本，分别在政策性银行金融债券的利率结构、期限结构、规模机构、招标方式、利息结构等方面进行了创新。

1. 利率结构创新：浮动利率债券

浮动利率债券的特点是，账面利率按年浮动，各计息年度票面利率等于各计息年度首日 1 年期定期存款利率加上固定的基本利差。如果预期未来利率将下行时，发行浮动利率债可以节约发债成本。例如，1999 年 6 月金融机构 1 年期存款利率由 3.78% 降到 2.25% 以后，1999 年 3 月发行的第一期浮动利率债券的票面利率就从第一年的 4.945% 下降到第二年的 3.415%，仅第二年内就减少利息支付 1.53%。同时，在利率上行时，浮动利率债券可以增加投资者的收益，规避利率风险。

2. 期限结构创新：相同期限规模的固定、浮动利率债券组合

此类债券的特点是，发行日、期限和发行金额完全相同，只是利率确定方式不同的债券组合。发行这类债券的目的是希望通过此类债券在二级市场的交易数据，产生一系列相应的固定、浮动利率债券之间的市场化利差，为金融机构进行利率互换或掉期交易双方提供一个利差参考。例如，国开行于 2001 年 8 月首次发行此类债券，同时发行了 7 年期浮动利率和固定利率金融债券，各 75 亿元；同年 9 月再次发行了 10 年期固定利率和浮动利率金融债券，各 100 亿元。

3. 规模结构创新：增发债券

增发债券的特点是，以价格招标方式发行与已经发行的债券完全一致（包括债券期限、利率、品种、起息日）的金融债券，对于投资者而言增发就等同于在二级市场上按照当时的市价购买初始债券。增发债券的主要目的是为了扩大债券的流通总量，增加二级市场的交易活跃度和流动性，防止由于供给不足而产生的卖方市场。例如，2001 年 12 月国开行采用利率招标方式公开发行了 30 年期固定利率金融债券（01 国开 21），发行金额为 50 亿元，年利率

4.52%；2002 年 3 月，国开行又以价格招标方式进行增发，发行了与 01 国开 21 期限、利率、品种和起息日完全一致的金融债券，中标价格为 110 元，增发金额 100 亿元，该债券被称为 01 国开 21 的增发债券。2012 年 12 月，国开行公告称，定于 12 月 4 日首次增发该行 2012 年第 45 期至第 49 期金融债券。

4. 招标方式创新："福娃"债券

"福娃债"的特点是，创新性地引入了美国式招标，在 3 年、5 年、7 年 3 个关键期限产品中，采取了美国式招标，灵活调整了发行要素和招标方式，进一步激发了交易需求。与单一利率的"荷兰式招标"不同，在多种利率的"美国式招标"方式中，各中标机构依据各自的加权平均中标利率折算承销价格，不仅可避免投标机构为确保中标而恶性压低价格的行为，同时也增加了机构"博边际"的意愿。例如，国开行在 2012 年推出的"一揽子"关键期限基准债的一种创新发行模式。从 2012 年 4 月 17 日开始，国开行隔周二同时招标发行 5 个品种，期限为 1 年、3 年、5 年、7 年、10 年，一次募集资金约 300 亿元至 400 亿元，故被交易员戏称为"福娃债"。

5. 利息结构创新：本息分离债券

1985 年美国财政部为满足投资者对零息债券的需求而设计了本息分离债券，实质是把原附息债券的每笔利息支付和最终本金进行了拆分，依据各笔现金流形成对应面值和期限的零息债券。

本息分离债券（STRIPS）的特点是，按照各笔本息拆分形成的零息债券，其发行价格为对应的未来现金流按照一定收益率折现的现值。每只拆分出来的零息债券都具有单独的代码，可以作为独立的债券进行交易和持有。付息日相同的本息分离债券，可以使用同一个债券代码，合并持有或交易。例如，国开行于 2002 年 10 月和 12 月先后推出了两期本息分离债券（期限分别为 10 年和 7 年）。由于这两期债券的付息日相同，都是10月26日，因此它们前7年的零息债券可进行合并，按相同的代码交易或者持有。本息分离债券的引入增加了债券期限结构的多样性，活跃了二级市场（因为进入二级市场交易的都是分离出来的零息债券）的交易、提高了市场流动性、扩大了市场规模方便了投资者；另外，本息分离债券是投资者实现收益目标对冲市场风险的非常有用的工具，有利于形成更精确的市场收益率曲线，推动金融债券的市场产品创新。

3.4 政策性银行转型对资信的影响

3.4.1 国外政策性银行转型后经营模式及信用级别变化

从国外主要的政策性银行转型后的经营模式以及政府信用支持的变化情况来看，国外政策性银行转型模式多种多样，有纯政策模式、混合经营模式和分离模式（见表3-4）。值得注意的是，德国复兴信贷银行（KFW）的转型实际上也可以认为是采用了分离模式，但和新加坡星展银行（DBS）的分离模式在内容上是不同的，KFW是剥离其市场业务并保留政策性业务，而DBS是剥离其政策性业务保留市场业务。

德国复兴信贷银行（KFW）、日本政策投资银行（DBJ）及韩国产业银行（KDB）三家政策性银行改制后仍然享有政府信用。新加坡星展银行（DBS）由于将政策性业务完全分离出去，仅保留市场业务，因此不享有政府信用支持。法国德夏银行（Dexia）与其他四家银行不同，Dexia目前是一家跨国整合的银行。早在1987年，主权政府就开始淡出，并于1996年卖出全部股权，因此此后不再享有国家主权信用支持。

表 3－4　　国外政策性银行转型后经营模式及主权信用情况

内容	德国复兴信贷银行（KFW）	日本政策投资银行（DBJ）	韩国产业银行（KDB）	法国德夏银行（Dexia）	新加坡星展银行（DBS）
转型后经营模式	分离模式	纯政策业务模式	混合经营模式	混合经营模式	分离模式
是否仍享有政府信用	是	是	是	否	否

表 3－5 给出了穆迪和标准普尔对国外主要政策性银行改制后信用评级的变化。在确定政策性银行转型后信用级别是否变化时，我们以国家主权的信用等级作为参照系，由于穆迪和标准普尔给予转型前政策性银行的信用级别等同于国家主权级别，因此，如果改制后银行级别低于国家主权级别就认为是调低了其信用等级；将国家主权级别作为参照的另一个原因是排除了评级机构对主权级别调整的影响。

表 3－5　　　国外政策性银行转型后信用级别的变化

比较银行	穆迪			标准普尔		
	主权等级	银行等级	差异	主权等级	银行等级	差异
德国复兴信贷银行（KFW）	Aaa	Aaa	维持	AAA	AAA	维持
日本政策投资银行（DBJ）	Aaa	Aaa	维持	AA＋	AA＋	维持
韩国产业银行（KDB）	A3	A3	维持	A	A	维持
法国德夏银行（Dexia）	Aa1	Aa2	下调	AAA	AA＋	下调
新加坡星展银行（DBS）	Aaa	Aa2	下调	AAA	AA－	下调

资料来源：穆迪和标准普尔国际网站。

从国外政策性银行的案例来看，转型后信用等级的变化跟其是否继续享有政府信用有着很大的联系，KFW、DBJ 和 KDB 转型后仍然保持全部或大部分国家信用，因此其信用级别仍然维持在国家主权等级水平，而法国德夏银行和新加坡星展银行转型后不再享有政府信用支持，因此穆迪和标准普尔都下调了其信用级别。

3.4.2 国开行转型对其债信的影响——基于国际评级机构的视角

继2007年1月中国政府声明国开行将成为首家经营向全面商业化转变的政策性银行后，2007年2月15日，穆迪发表声明，认为国开行正在进行的改革不会改变其现有信用评级，继续保持对国开行与中国国家主权相同的信用评级。

穆迪认为国开行即将开展的改革重点可能会是所有权的企业化、改善公司治理和风险管理、提高相关政策性业务的透明度等方面，与中国银行业加速改革的整体趋势相一致，但也可能并不完全相同，国开行作为具有“特殊地位”的银行所具有的某些特性因素可能会保留。首先，国家对国开行可能会保留较高比例的所有权，大大高于对四大商业银行的持股比例。其次，国开行可能将继续发挥其支持中国重点基础设施和工业项目的作用，将继续保持对经济发展的重要战略地位，以及作为政府调整银行借贷的宏观经济工具的职能。最后，国开行可能会保留多项特权，例如通过国内债券市场募集大部分资金等。

表3-6列出了穆迪、标准普尔和惠誉对中国主权和国开行的信用评级。从表中可以看出国际评级机构给予国开行的评级一直以来（尤其2003年以来）都等同于国家主权级别或准国家主权级别。在1998~2002年穆迪调低国开行信用等级至Baa1，低于国家主权等级一个级别。

表 3－6　　国际评级机构对中国主权和国开行的信用评级

年份	穆迪		标准普尔		惠誉	
	中国主权等级	国开行等级	中国主权等级	国开行等级	中国主权等级	国开行等级
1996	A3	A3	BBB	BBB	—	—
1997	A3	A3	BBB +	BBB +	—	—
1998	A3	Baa1	BBB +	BBB +	—	—
1999	A3	Baa1	BBB	BBB	—	—
2000	A3	Baa1	BBB	BBB	—	—
2001	A3	Baa1	BBB	BBB	—	—
2002	A3	Baa1	BBB	BBB	—	—
2003	A2	A2	BBB	BBB	—	—
2004	A2	A2	BBB +	BBB +	A −	A −
2005	A2	A2	A −	A −	A	A
2006	A2	A2	A −	A −	A	A
2007	A2	A2	A	A	A	A
2008	A1	A1	A +	A +	A +	A +

资料来源：穆迪、标准普尔和惠誉网站。

随着国开行商业化的明朗化，穆迪于 2008 年 2 月将中国主权信用评级由 A2 调高至 A1，同时也将国开行信用等级由 A2 调高至 A1，仍然维持其主权信用级别，前景展望都维持稳定。由此可见，在穆迪看来国开行的商业化改制不会影响其债信。

标准普尔认为，虽然中国政府正式宣布了将国开行最终商业化的意图，但并不预期这家银行中短期内在政策执行中的角色分量会有显著的减少。因此标准普尔认为国开行的信用评级在一段时期内仍将和政府评级保持一致，维持国开行主权国家信用等级。

同样，惠誉也认为国开行商业化改革可能不会对其信用等级造成影响。并于 2007 年底同时调高中国主权评级和国开行评级，从 A 等级调升到 A + 等级，前景展望也都由正面调为稳定，仍然维持国开行国家主权信用等级。惠誉认为，在中国所有商业银行和政策性银行中，国开行属于财务实力较强的银行。这主要是由于国开行业务集中，并且享有正部级的地位，这在中国的金融机构中是独一无二的。

3.5 政策性银行的国际比较与监管创新

在第二次世界大战后恢复重建时期，国外的政策性金融机构也纷纷建立。这些机构在其早期的资金一般由几部分组成，包括政府资金、财政性借款、从国内外资本市场融资的金融债券。为了避免与商业银行的竞争，多数国家的政策性银行不直接吸收存款。经过半个世纪的发展，政策性银行发行金融债券已成为国家政策性金融机构融资的主要手段。经济较为发达的德国、日本、韩国，在政策性银行创新方面取得了较为明显的成就。中国、日本和韩国都是国家主导型经济发展战略的国家，虽然各国情况不同，但在经济复苏中，政策性银行的运作有不少相似之处。本节通过分析德国、日本、韩国、新加坡和法国等政策性金融机构创新情况，试图得出一些政策性银行金融债券创新的经验启示。

3.5.1 发达国家的比较分析

通过对德国复兴信贷银行（KFW）、日本政策投资银行（DBJ）、韩国产业银行（KDB）、法国德夏银行（Dexia）和新加坡星展银行（DBS）等国家政策性银行金融债券经营模式与监管模式进行比较可以看出，政策性银行发行金融债券是国外政策性银行的资金的主要来源之一，对政策性银行金融债券的规范管理，是促进其金融债券流通的一个重要组成部分。

（1）以政府担保发行金融债券。从德国、日本和韩国的情况来看，大部分的政策性金融机构发行金融债券都是由政府部门提供担保，其债权享有政府债券的信用评级。这有助于提高政策性银行金融债券信用，降低筹资成本。

（2）多数金融债券进入流通体系。国外政策性金融机构在发行债券后，大部分都进入二级市场进行交易。如德国复兴信贷银行的债券具有高度流动性，数量庞大等特点，以确保能在二级市场交易和流通。韩国产业银行在 20 世纪 60 年代以后再次发行金融债券，并在证券交易所上市交易。日本兴业银行发行的金融债券通过场外柜台系统进行交易，并始终保持有一个代表性的债券品质在东京证券交易所二级市场挂牌交易。从证券市场的管理来看，国家法律很少直接对证券上市的条件作出明确规定，而都是由证券交易所来规定的。对国家的核准制度而言，上市的实质条件一般都由《公司法》规定。无论是注册登记还是审批制度，对政策性银行金融债券而言都是相同的。

（3）享受不同程度的税率优惠。对于金融债券交易中的资本利得税、收益税等，国家都规定了不同的优惠政策。如韩国证券交易所规定中小投资者的利息税按照 10% 的税，而正常收取 25% 的利息税。

3.5.2　发达国家的经验借鉴

1. 政策性银行金融债券的创新应服务于国家的政策性目标

世界各国的政策性银行，无论是发达国家抑或是发展中国家，政策性银行的基本职能都是贯彻国家的产业经济政策，重点扶持结构失调的重点行业和企业，引导国内其他资金流向有助于国民经济发展的产业，促进社会经济协调稳定发展。近年来，随着国际国内经济和金融环境的变化，政策性银行发行金融债券起到了两方面的作用：①政策性银行与资本市场的联系更加紧密，扩大了银行的功能。②银行重点扶持的行业从一般工业发展转向重点扶持社会基础设施建设、环境保护、支持中小企业发展等新的领域。在这个发展过程中，贯彻政府政策目的是政策性银行金融债券不变的使命，通过金融债券创新筹集社会资金，支持国家产业结构调整和国民经济发展，有效引导全国的资本流动，实现国家宏观经济政策目标。

2. 通过金融债券创新进一步贯彻政府的政策目的

政策性银行的基本目的是贯彻和落实政府的产业经济政策。政策性银行在政府提出的方向性、原则性、框架性的要求下，自由的选择项目、安排贷款、资金拨付等，政府不直接干预政策性银行资金筹集，而是在政府规定的框架内自主地开展融资活动，通过市场化机制发行金融债券，进行金融债券的产品创新。德国政府只为德国复兴信贷银行（KFW）提供年度贷款框架，其他的内容如具体的年度计划、贷款条件金融债券的发行、创新等事项都由银行内部自主制定。

3. 国家信用支持是政策性银行金融债券创新的基础

国家信用的实质是由政府为政策性银行金融债券提供担保，即政府以明确的立法形式对政策性银行的负债进行担保。例如，德国政府通过《德国复兴信贷银行法》为 KFW 进行担保，并规定："德国政府对 KFW 与下列业务有关的所有债务进行担保：KFW 提供的贷款和发行的金融债券、KFW 签订的固定利息远期合约或期权、KFW 获得的其他贷款，以及 KFW 为之担保的给予第三方的贷款。"韩国通过《韩国产业银行法》规定："政府对 KDB 发行的金融债券的本息偿还给予保证"，"政府对 KDB 借入的外国资本的本金和利息进行担保"。在政府信用支持下，政策性银行发行的金融债券都被视为"政府债券"，风险低，享有国家主权级的信用，正是由于较高的信用评级，为其在资本市场上以低成本筹集长期、稳定的资金来源提供了便利，国家信用支持也为其进行金融债券创新奠定基础。

4. 通过金融债券创新不断扩充政策性银行的功能和手段

近年来，韩国产业银行金融创新业务不断扩大。目前，该行已在项目融资、债券承销、债务重组和风险投资方面取得了一定的成果。在全球经济整合、信息一体化的时代，只有了解国际动态、国际标准以及国际国内标准的差异才能更好地进行金融产品的创新。一是随着证券市场的不断完善，融资的脱媒现象，对银行的生存和发展构成了威胁，商业银行比政策性银行有更强的应变能力，而政府为政策性银行提供的支持是有限度的。二是客户对银行的需求发生变化，有些企业开始转向发行企业债等其他资金来源，政策性银行的贷款利率优惠政策让位于市场利率，必须对政策性银行金融债券进行创新，适时调整发展战略，超越传统的业务范围，开发新业务领域，只有如此，才能保持自身的良好形象和市场竞争力。

不过，我国在进行政策性银行金融债券创新和发展的道路中，必须从本国国情出发，不能照搬别国的经验。鉴于各国的制度背景、社会经济环境、发展水平和自身优势不同，因此，不可能对所有国家推行同一个政策，没有一个版本能够直接照抄。在这种情况下，在进行政策性银行金融债券创新的独特战略中，必须经过深思熟虑，把所设置的自身的框架和国家的金融体制改革相结合。

3.5.3　政策性银行的监管创新

纵观国际资本市场可以发现，各国政策性金融机构对金融债券的监管具有以下几个特点：第一，依法监管，各国采取特别立法的形式，使得政策性银行能够做到依法监管，如德国的《德国复兴信贷银行法》，韩国的《韩国发展银行法》等都是专门为政策性银行的立法。第二，政府相关部门参与协调和监督，其中发挥中心作用的是财政部和中央银行，国家审计机构则定期或不定期地进行审计监督，如日本的会计检察院，菲律宾政府等采用定期或不定期的方式对政策性银行金融债券的资金使用情况进行调查、审计。借鉴国际经验，结合中国的政策银行金融债券的监管现状，按照“立法先行、优惠激励、差别监管、加强合作”的思路设计和制定一套合理的监管政策与措施，促进政策性银行的平稳健康发展。

1. 立法先行，明确政策性银行的法律地位

尽快拟定“中国政策性银行法”，使政策性银行可以依法经营和监管，通过立法形式明确政策性银行的地位、职能、权利和责任，发挥法律的约束、规范和保护作用。可根据三家政策性银行的特点和业务范围，分别制定政策性银行金融债券管理条例，限定其金融债券的性质、职能，确定其业务范围及基本的业务规则，明确其财务会计、监督管理和法律责任，肃清与商业银行之间的关系。并不断完善所建立的法律法规体系，使政策性银行金融债券的监管规范化、制度化。充分发挥政策性银行金融债券在国家的社会经济发展、调整产业结构、纾缓瓶颈制约、促进经济平稳等方面的金融支持和引导作用。

2. 信用支持与激励机制，促进政策性银行金融债券的可持续发展

首先，建立一个多样化且稳定的筹资机制，逐步改变以财政划拨和银行间金融债券为主的融资模式。由政府提供信用担保，扩大政策性银行在境内外资本市场上直接融资的规模。同时增加政策性贴息的规模，包括对金融债券使用的贴息。

其次，设计合理的激励机制。政策性银行金融债券业务变得越来越复杂，外部监管和政策性银行之间存在信息不对称，设计和创新合理的激励机制，促使银行内部进行风险控制、完成国家的产业

政策目的显得至关重要。研究财政监管政策，要以完善政策性银行金融债券的激励机制为重点，建立行之有效的绩效考核机制、减少对管理层和操作层的信息传导错误，防范和控制内部道德风险、信用风险等。

3. 差别监管，制定适合的政策性银行运行法律

第一，建立分账管理制度。限定政策性银行办理商业业务的比重，建立政策性业务与商业性业务的分账管理制度。当前采用的并账管理制度不利于金融监管，可能发生商业性业务风险转嫁给政策性业务风险的情况，建立分账管理制度，可为日后实行差别监管打下良好基础。

第二，制定适合政策性银行金融债券的特定监管指标和内容。监管的重点是对政策性银行的政策导向作用进行监管，即政策性银行金融债券的资金运用是否合理，执行国家政策的效果如何，是否贯彻、配合了国家宏观经济政策和产业政策等。就政策目的的贯彻情况建立明确的考核指标体系，通过定量考核，建立硬约束机制，促使政策性银行贯彻国家政策目的，合理的进行资金运用。

第三，积极创新政策性银行金融债券和长期资金使用情况的监督手段。例如，2010 年中央一号文件《中共中央国务院关于加大统筹城乡发展力度进一步夯实农业农村发展基础的若干意见》提出“加大政策性金融对农村改革发展重点领域和薄弱环节支持力度，拓展农发行支农领域，大力开展农业开发和农村基础设施建设中长期政策性信贷业务”，其中明确了农业发展银行的农业发展、农村基础设施建设等中长期贷款政策定位。这就需要明确区分农业发展银行现有的长期贷款的性质，非国有企业或国有控股企业这些贷款应纳入商业性经营管理范围，从承贷主体的融资平台特征、信贷主体投向的公益性等方面把握中长期政策性银行金融债券资金运用情况，进行有效、科学的监督管理。

4. 加强合作，提高监管效率

多方决策，共同监管的做法加剧了各部门的分歧和争端，增加了政策协调的复杂性与总体成本。建立由政府牵头的统一的监管机制，对政策性银行实施监管，包括开办新业务和建立分支机构的审批、资本金的财务管理、发行金融债券的规模等。同时，监管部门之间加强合作，建立畅通的沟通渠道，信息共享，可以建立联席会议，通报检查情况和结果，使用统一的数据指标、建立统一的信息库。在统一的监管机制中可以避免重复监管和监管真空，防止监管套利，提高监管效率，在信息共享的基础上，共同维护政策性银行金融债券的稳定运行。

第4章 政策性银行金融债券的利率期限结构与收益率曲线

债券市场收益率及不同债券的利率期限结构，对一个国家经济金融的发展，无论从微观角度还是从宏观视野来说，都具有非常重要的理论与现实意义。例如，在理论研究中，债券收益率曲线是资金时间价值最直接的体现，是金融学中资本资产定价的最基本变量；在应用研究中，债券的利率期限结构是一国政府实施财政政策与货币政策的重要研究对象。

本章主要用四个部分来分析政策性银行金融债券的收益率。首先介绍对政策性银行金融债券收益率进行研究的重要意义，然后对政策性银行金融债券收益率曲线进行研究，接下来对我国货币政策与政策性银行金融债券收益率的关系进行实证分析，最后是本章的结论。

4.1 利率期限结构对市场化运作的重要意义

研究政策性银行金融债券市场化运作问题，应详细研究政策性银行金融债券的收益率曲线，因为收益率曲线的形成、波动都源于市场行为。我国早已明确坚定走社会主义市场经济的道路，“十二五”规划明确了要进一步完善金融市场化，并特别提到要完善利率市场化。目前，政策性银行是除财政部以外最大的债券发行主体，政策性银行金融债券也是利率产品之一，那么其收益率曲线的变动必然受到市场各界的关注，其重要性不言而喻。政策性银行金融债券是否存在完整与可靠的收益率曲线，是我国债券市场乃至金融市场完善与否的重要标志。政策性银行金融债券既有国债的无风险性特征，又反映了市场对未来利率的预期，通过二级市场的市场投资行为，政策性银行金融债券收益率曲线反映了市场利率的期限结构。作为债券市场规模第二大的债券品种，政策性银行金融债券在反映市场利率总体水平、推动资本市场发展等方面发挥着重要作用。与国债一样，政策性银行金融债券也为中央银行制定货币政策提供了依据。因此在我国债券市场日渐完善的过程中，对政策性银行金融债券的收益率进行研究，具有重大的现实意义。

4.2 政策性银行金融债券的利率期限结构分析

4.2.1 利率期限结构的相关理论

利率期限结构最简单的定义是同种债券、不同期限的即期利率所构成的一条曲线。其形状可以分为向上倾斜、向下倾斜、水平、上凸、下凹等几种情况，通常来说，向上倾斜的形状比较常见。通过上述几种形状的相互组合，利率期限结构可以反映各期限债券的不同变化。例如常见的向上倾斜的收益率曲线表明长期利率高于短期利率，下凹则表示利率先下降后上升。利率期限结构理论基本结论简述如下：

（1）债券收益率曲线斜率在经济扩张期增大，在经济扩张期末尾减小市场预期理论可以提供对这一现象的解释。需求方面，在经济扩张期，投资加大，货币需求的期望值增大，因此真实利率提高；在经济衰退期，投资需求放缓，因此预期远期利率下降。供给方面，由于人们愿意均衡消费，如果预期经济衰退人们会节约消费，增加储蓄，因此也会促使利率下降。

（2）投资者和发行者都具有期限偏好

如果发行者更愿意发行长期债券，而投资者更喜欢购买短期债券，那么短期债券价格将会上升；反之则下降。因此，债券发行者在债券发行时要注意投资者期限偏好，以降低发行成本。一般情况下，消费者选择债券与消费需求发生的时间相配合，如退休时间；厂商购买债券的期限与购买机器的时间相配合；商业银行持有债券的期限与第二准备金的需求相配合，期限较短；保险公司、退休基金由于其资金多为长期资金，因此偏好购买期限较长的债券。

（3）鼓励投资者购买长期债券必须给投资者以贴水

由于不同期限债券的利率风险不同，投资者不完全是风险中立者，有些是风险规避者，有些则是风险偏好者，投资者为了降低利率风险，往往会舍弃短期收益。这时利率曲线会反映如下内容：投资者对未来短期利率的预期；利率风险低的债券需求较大；债券发行者为省去兑现债券的麻烦，往往愿意增加长期债券的发行。因此，从风险的角度考虑，短期债券利率风险较低，长期债券的利率风险较高，鼓励投资者购买长期债券必须给投资者以贴水。

（4）短期利率、长期利率和习性补偿之间具有平衡关系

投资人平时偏好于某一期限的债券，但当市场存在相当大的套利机会的时候，投资者会放弃原来的投资习惯而进行套利。因此，短期利率和长期利率之间通过习惯性补偿联系起来。如果长期利率高于短期利率和习性补偿之和，人们将改变习惯去购买长期债券，因此，市场均衡要求长期利率、短期利率、习性补偿之间的平衡。

4.2.2 收益率的计算

债券收益率是指投资债券所获得的收益占投资成本的比率，通常用本金的百分比表示，采用年利率，所以也常常称为年收益率。债券收益率的计算如公式（4.1）所示，其他形式的公式都是由此式衍生出来。

$$债券收益率 = \frac{卖出价 - 买入价}{买入价} \div 持有期限 \times 100\%$$

公式(4.1)

通常来说，债券收益率有两种常用的计算方法——到期收益率和即期收益率。

（1）到期收益率。

到期收益率是指令债券未来现金流的贴现值等于债券当前价格的利率，是现金流折现的平均收益率，常用于债券投资的实际应用中。其计算方法如公式（4.2）所示。

$$P = \sum_{i=0}^{n} \frac{CF_i}{(1+y)^i} \qquad 公式(4.2)$$

公式（4.2）中，y 为到期收益率，P 为债券的现价，CF 为第 i 期的现金流（息票或者息票和本金），n 为期限。

（2）即期收益率。

即期收益率是零息票债券的到期收益率，即单个现金流的收益率，其优点为能准确反映现金流所对应期限的利率水平，常用于理论分析，即剥离债券的息票后的收益率。

4.2.3 政策性银行金融债券利率期限结构的数据分析

如图 4－1 所示，本书选取了 2008 年 1 月至 2013 年 1 月我国政策性银行金融债券的利率期限结构进行三维图描述，资料来源为 Wind 数据库。为了使图示更为清晰，纵轴将收益率扩大 100 倍，即 1～10 表示 1%～10% 的收益率。从图 4－1 中我们可以看到 2009 年利率期限结构较为陡峭，并且收益率相对较低；2011 年以后利率期限结构趋于平坦，并且收益率普遍提高。这主要是因为 2009 年我国中央银行实施较为宽松的货币政策，流动性过剩导致长短期债券都供不应求，债券价格上升，造成长短期收益率同时下降。但是由于预期未来通货膨胀率有可能上升，所以长期政策性银行金融债券收益率下降的幅度小于短期金融债券收益率下降的幅度，所以长短期利差进一步加剧，使得收益率曲线变得相对陡峭。而 2011 年以后中央银行货币政策趋紧，除了直接造成短期和长期收益率上升外，投资者认为货币政策可以有效遏制未来物价上涨；因此对未来的通货膨胀预期下降，所以长期收益率虽然会上升，但是上升幅度小于短期收益率；因此长期和短期收益率的利差将会缩小，收益率曲线变得相对平坦。而且从 2008 年至今，政策性银行金融债券的局部波动越来越小，说明市场投资趋于理性和成熟。

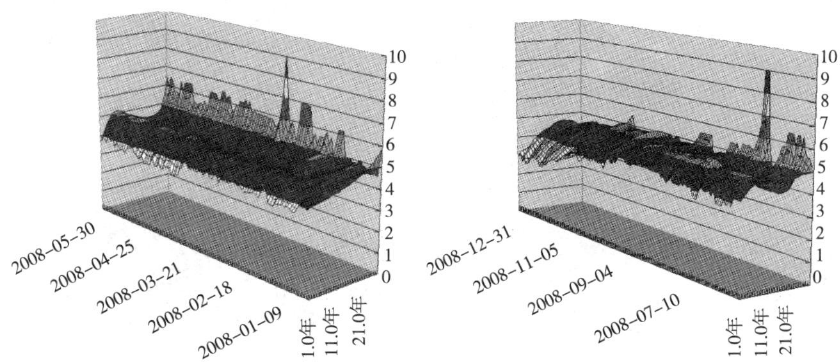

资料来源：WIND 数据库。

图 4－1　政策性银行金融债券利率期限结构

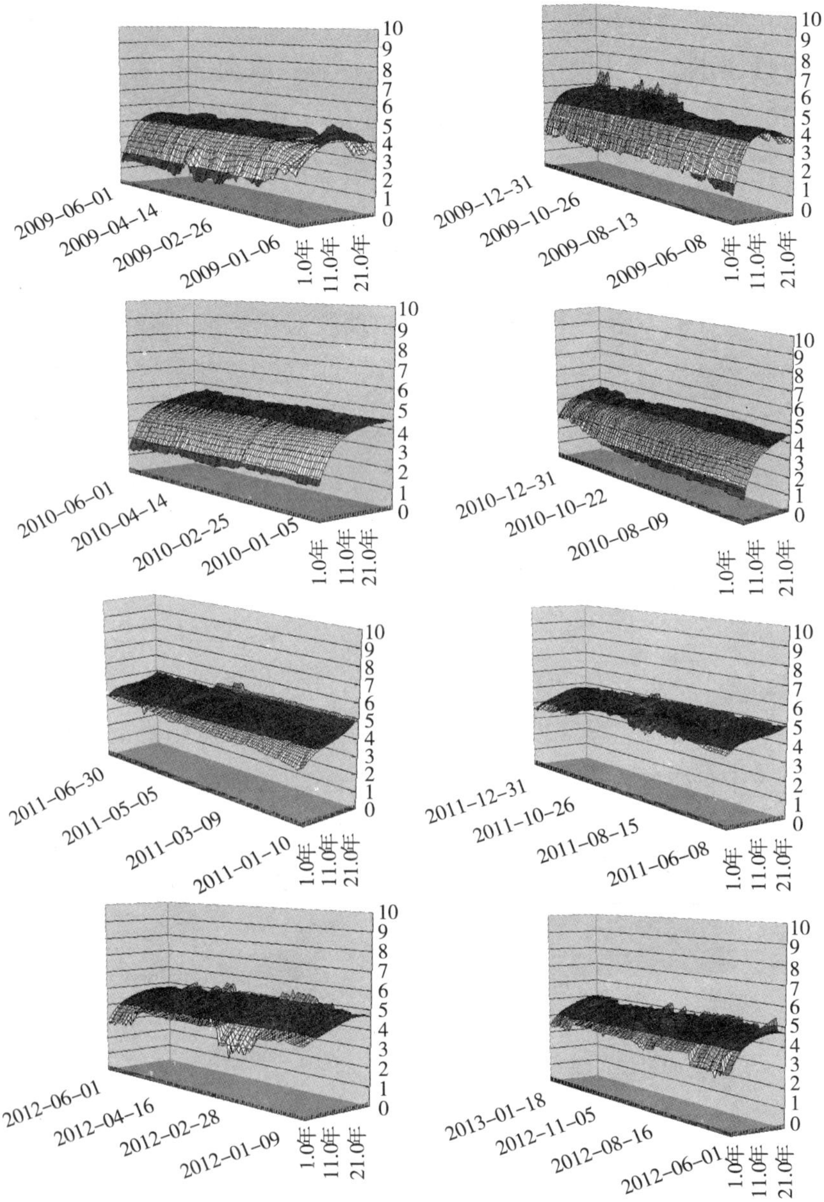

资料来源：WIND 数据库。

图 4－1　政策性银行金融债券利率期限结构（续）

4.3 政策性银行金融债券的收益率曲线研究

政策性银行金融债券利率期限结构描述了即期收益率与不同期限之间的关系。但是大量研究表明，不同期限的债券收益率往往是高度相关的，不同期限债券的收益率中包含了大量导致收益率变化相同且冗余的信息。为了研究的简洁性，我们往往不需要利用所有不同期限债券的收益率去刻画利率期限结构的变化，只需要在不同期限债券的收益率中提取几个相互独立的因子，只要这些因子可以解释原利率期限结构的绝大部分信息变化，便可以较为完美和简洁地刻画利率期限结构的变化及走势。在收益率曲线上，每一点变动都是随机的，所以整条收益率曲线的波动因受金融市场众多的影响因素而显得错综复杂。通过主成分分析可以使整条收益率曲线绝大部分因一些系统性变化因素产生的波动得到解释。例如 Buhler 和 Zimmermann（1996）以及 Golub 和 Tilman（1997）运用主成分分析从不同期限债券的收益率中提取出三个主成分，Litterman 和 Scheinkman（1991）认为这三个主成分分别表示利率曲线的水平移动因素、曲线的斜率变动因素和曲线的曲率变动因素。其中，水平移动因素反映平行移动因素在收益率曲线变动中起主导作用，与债券的到期期限长短无关，即各期限的债券收益率均受该因素的影响。久期和凸度应用于债券组合的套期保值就是基于水平因素变动的原理。倾斜因素是影响短期债券收益率和长期债券收益率朝不同方向变化的主要因素，当市场投资预期短期收益率和长期收益率变动方向不一致时，收益率曲线就会发生倾斜移动。曲率变动因素是指造成收益率曲线曲度变化的因素，例如市场分割造成债券供求出现的失衡等（吴云亚，2004）。这三个主成分非常好地描述了利率期限结构的变化。经过大量的实证检验表明，这种方法在国内外得到了广泛的认可和应用，如 Buhler 和 Zimmerman（1996），Ecelesia 和 Zenios（1994），Sherris（1994），Martellini 和 Prianlet（2000），Maitland（1999），Schere 和 Avellaneda（2000）等相关文献对多个国家和地区的债券收益率曲线进行了主成分分析。本书在进一步分析政策性银行金融债券利率期限结构的变化时，采用主成分分析法提取出独立成分对前文提到的利率期限结构进行替代。下面对主成分分析的研究方法或研究原理的理论基础给出简要介绍和说明。

4.3.1 主成分分析

主成分分析的主要目的在于数据降维，在尽可能多的保留原始变量信息的前提下，把多个相关的信息变化指标转化为少数几个刻画信息变量的综合指标，由原始变量转化生成的综合指标即是主成分。主成分分析的本质是一种数学变换方法，将给定的一组变量通过线性变化转换成另一组不相关的变量，在变换中，保持变量的方差之和不变。同时，找出具有最大方差的新变量作为第一主成分，以此类推 k 个变量就可以转换出 k 个主成分，而我们只需要当中前几个能反映原来 k 个变量绝大部分方差的主成分即可。最终目的是用少数几个有代表性的综合指标代替原始变量指标，并且保留原变量尽可能多的信息。主成分分析的主要过程如下：

设 p 个指标构成的 p 维随机向量 $X=(X_1,X_2,\cdots,X_p)'$ 具有协方差矩阵 $\sum$，其特征值为 $\lambda_1 \geqslant \lambda_2 \geqslant \cdots \geqslant \lambda_p \geqslant 0$。

我们考虑线性组合

$$Y_1 = a_1'X = a_{11}X_1 + a_{12}X_2 + \cdots + a_{1p}X_p$$

$$Y_2 = a_2'X = a_{21}X_1 + a_{22}X_2 + \cdots + a_{2p}X_p$$

$$\vdots$$

$$Y_p = a_p'X = a_{p1}X_1 + a_{p2}X_2 + \cdots + a_{pp}X_p \qquad \text{公式(4.3)}$$

经过计算可以得到

$$Var(Y_i) = a_i' \sum a_i \quad i = 1,2,\cdots,p \qquad \text{公式(4.4)}$$

$$Cov(Y_i,Y_j) = a_i' \sum a_j \quad i,j = 1,2,\cdots,p \qquad \text{公式(4.5)}$$

各原始变量的线性组合 $Y_1,Y_2,\cdots,Y_p$ 即主成分因子。它们相互独立并且使公式（4.3）中的方差尽可能的大，这样可以保证其包含原始变量的信息尽可能的多。

第一主成分是存在最大方差的线性组合。即它使得 $Var(Y_1) = a_1' \sum a_1$最大化，为了消除 a_1 与方差可同比例变化的不确定性，将原始变量线性组合的系数向量标准化，从而得到以下 p 个主成分。

第一主成分是线性组合 $a_1'X$ ，在 $a_1'a_1 = 1$ 时，使得 $Var(Y_1) = a_1' \sum a_1$ 最大化。

第二主成分是线性组合 $a_2'X$ ，在 $a_2'a_2 = 1$ 且 $Cov(a_1'X,a_2'X) = 0$ 时，使得 $Var(Y_2) = a'_2 \sum a_2$最大化。

同理，第 i 个主成分是线性组合 $a_i'X$ ，在 $a_i'a_i = 1$ 且 $Cov(a_i'X, a_k'X) = 0(k < i)$ 时，使得 $Var(Y_i) = a_i' \sum a_i$最大化。

理论已经证明，如果对于随机向量 $X = (X_1,X_2,\cdots,X_p)'$ 的协方差矩阵 $\sum$ ，存在特征根与特征向量对 $(\lambda_1,e_1),(\lambda_2,e_2),\cdots,(\lambda_p, e_p)$ ，其中 $\lambda_1 \geqslant \lambda_2 \geqslant \cdots \geqslant \lambda_p \geqslant 0$ ，则第 i 个主成分为

$$Y_i = e_{i1}X_1 + e_{i2}X_2 + \cdots + e_{ip}X_p, i = 1,2,\cdots,p \qquad \text{公式(4.6)}$$

并且，总体方差 $= \sigma_{11} + \sigma_{22} + \cdots + \sigma_{pp} = \lambda_1 + \lambda_2 + \cdots + \lambda_p$

公式（4.7）

从而总方差中第 i 个主成分所解释的比例或贡献度为

$$\text{第 } i \text{ 个主成分的贡献度} = \frac{\lambda_i}{\lambda_1 + \lambda_2 + \cdots + \lambda_p},$$

$$i = 1, 2, \cdots, p \qquad \text{公式(4.8)}$$

如果总方差在相当大（经验值一般为85%以上）的程度上归因于少数几个主成分，即

$$\frac{\sum_{i=1}^{k} \lambda_i}{\sum_{i=1}^{p} \lambda_i} \geqslant 85\%, k < p \qquad \text{公式(4.9)}$$

那么便可以用这 k 个主成分替代原始的 P 个变量，而且信息损失不大。因为 k 个主成分已经解释了原始 P 个变量的大部分波动变化的原因。

简单地说，主成分分析过程主要分三个步骤：

（1）计算样本矩阵的相关系数矩阵；

（2）计算相关系数矩阵的特征值及特征向量；

（3）确定主成分因子的个数，使主元素贡献度之和大于85%即可。

4.3.2 基于主成分分析的政策性银行金融债券收益率曲线研究

本书利用提取出的主成分代表不同期限政策性银行金融债券的收益率变量，进一步分析政策性银行金融债券的利率期限结构。债券市场中的利率期限结构的主成分分析一般研究从所有类型的债券中剥离出来的利率与期限之间的关系。但是由于本书所研究的对象局限于政策性银行金融债券，而政策性银行金融债券相对于其他类型债券有其自身独特的属性和特征。所以本书从所有的政策性银行金融债券的收益率中分离出利率期限结构。本书对3个月、6个月、1年、2年、3年、4年、5年、6年、7年、8年、9年、10年、15年、20年和30年这15种期限下的政策性银行金融债券收益率曲线进行主成分分析，提取3个主成分。经验表明，3个主成分分别代表

水平移动成分、斜率变动成分以及曲率变动成分。

我国的存贷款基准利率一直受到中央银行的控制，因此债券市场无法和金融发达国家一样参照市场化的基准利率，活跃程度也受到影响。限于篇幅，本书不对此进行论述。为了达到最佳的主成分分析效果，本书选取了我国债券市场交易最为活跃的近 5 年数据，即 2007 年至 2011 年的数据。因为宏观数据的公布最快的频率是以月份来计量的，而债券市场中的政策性银行金融债券收益率却可能随时都在变化。所以本书采用月度数据进行计量分析，在使得宏观经济变量的数据能够和市场收益率匹配的前提下，又尽可能减少遗漏信息。对于不同期限政策性银行金融债券收益率变量分别取从 2007 年 1 月至 2011 年 12 月一共有 60 个观测值，所有变量的原始数据均来自于 Wind 数据库。数据的处理和分析由 SAS、Matlab 以及 Eviews 完成。

要提取政策性银行金融债券收益率期限结构的三个主成分，需要不同期限下的利率时间序列。本书首先从 Wind 数据库中提取 2007 年 1 月至 2011 年 12 月 60 个月度数据，对不同期限的利率进行相关性分析，相关系数矩阵见表 4－1。

表 4－1　　　　不同期限下收益率的相关性表

	3m	6m	1y	2y	3y	4y	5y	6y	7y	8y	9y	10y	15y	20y	30y
3m	1.00														
6m	0.99	1.00													
1y	0.99	0.99	1.00												
2y	0.98	0.99	0.99	1.00											
3y	0.99	0.99	0.99	0.99	1.00										
4y	0.98	0.98	0.98	0.99	0.99	1.00									
5y	0.97	0.97	0.97	0.98	0.99	0.99	1.00								
6y	0.96	0.96	0.97	0.98	0.98	0.99	0.99	1.00							
7y	0.95	0.96	0.96	0.97	0.98	0.99	0.99	0.99	1.00						

续表

	3m	6m	1y	2y	3y	4y	5y	6y	7y	8y	9y	10y	15y	20y	30y
8y	0.95	0.95	0.95	0.94	0.98	0.98	0.99	0.99	0.99	1.00					
9y	0.94	0.95	0.95	0.96	0.97	0.98	0.99	0.99	0.99	0.99	1.00				
10y	0.92	0.94	0.95	0.95	0.97	0.97	0.98	0.98	0.99	0.99	0.99	1.00			
15y	0.94	0.94	0.94	0.95	0.93	0.97	0.95	0.98	0.96	0.99	0.94	0.99	1.00		
20y	0.86	0.88	0.87	0.87	0.87	0.88	0.86	0.85	0.86	0.86	0.84	0.89	0.91	1.00	
30y	0.73	0.73	0.72	0.74	0.72	0.64	0.73	0.68	0.74	0.76	0.72	0.73	0.85	0.95	1.00

由表4－1的相关系数矩阵可以发现，不同期限的政策性银行金融债券收益率存在高度的相关性。显然，直接用各期限的收益率去分析政策性银行金融债券收益率的变化仅仅是在处理重复的信息。因此，对各期限的收益率进行主成分分析将会大大降低分析的复杂性，又不会影响结论。表4－2是对不同期限政策性银行金融债券收益率的主成分分析结果。

表4－2　　　　主成分分析对应的前5个特征值

	第1主成分	第2主成分	第3主成分
特征值	13.1298	0.7432	0.3102
方差占比	0.9244	0.0324	0.0337
累积贡献度	0.9244	0.9568	0.9905

最大的三个特征值表明，前三个主成分已经解释了政策性银行金融债券收益率接近100%的变化，从而用三个主成分便可以完全代替政策性银行金融债券的收益率的期限结构。那么三个最大的特征对应的特征向量如表4－3所示：

表4－3　　　　三个最大特征值对应的特征向量

	Vector 1	Vector 2	Vector 3
3m	－0.2611	－0.0011	0.3898
6m	－0.2634	－0.0162	0.3672
1y	－0.2643	－0.0516	0.2956

续表

	Vector 1	Vector 2	Vector 3
2y	-0. 2634	-0. 0886	0. 1968
3y	-0. 2640	-0. 1336	0. 0948
4y	-0. 2641	-0. 1587	-0. 0155
5y	-0. 2628	-0. 1413	-0. 0818
6y	-0. 2633	-0. 1845	-0. 1766
7y	-0. 2624	-0. 1357	-0. 2427
8y	-0. 2627	-0. 1251	-0. 2973
9y	-0. 2622	0. 0783	-0. 4382
10y	-0. 2621	0. 0061	-0. 4565
15y	-0. 2423	0. 0886	-0. 2881
20y	-0. 2017	0. 0884	0. 2486
30y	-0. 2658	0. 0187	0. 2975

三个特征向量的分量反映了三个主成分对于各个期限收益率的权重。第一个特征向量的各个分量大小基本相等而且方向相同，显示了利率期限曲线的水平移动因素；第二个特征向量的分量中期债券收益率的权重较大，对短期和长期的债券的收益率的权值较小并且长期和短期的符号相反，反映出倾斜因素；而第三个特征向量的分量对短期和长期债券的收益率的权重较大，对中期债券收益率的权值较小，反映了曲度因素。

总体来说，政策性银行金融债券收益率曲线变动同时存在着“水平因素”、“倾斜因素”，以及“曲度因素”。而且包含着 92. 44% 方差的第一主成分（向量 1）为水平因素指示指标，也就是表明，包含着我国政策性银行金融债券的绝大部分信息的是水平因素变量。这说明市场对政策性银行金融债券的各期限投资趋于相近，从而各期限的收益率之间有着很高的相关性，使得整个政策性银行金融债券市场的收益率几乎可以通过算术平均就得以表达。从而得出结论，我国政策性银行金融债券的期限投资相对健康，没有太多的期限结

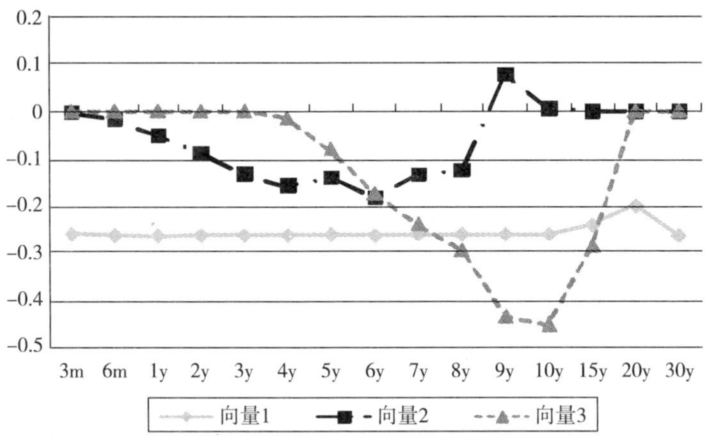

图4－2　三个最大特征值的特征向量权重曲线图

构问题。市场对政策性银行金融债券的投资趋于理性，没有出现较多的曲线局部收益率债券集中炒作和过度投机。各投资主体的资产组合配置总体上趋于平均，合理建立各期限债券的套期保值，这对于政策性银行金融债券的良性发展是利好消息。

4.4　货币政策对政策性银行金融债券收益率的影响

宏观经济与债券市场收益率相互的联系，一直是经济金融业界与学术界关注的问题之一。宏观经济信息与债券市场收益率结构往往存在着密切而又复杂的关系。一方面，货币政策决策者与投资人关心货币政策如何影响利率期限结构。另一方面，学术界和业界也同样关心如何利用市场利率信息分析宏观经济形势。如今政策性银行发行的金融债券在银行间债券市场已经达到仅次于国债发行量的规模，研究货币政策对政策性银行发行金融债券的影响，从理论的角度讲，可以进一步分析货币政策对非国债品种债券的传导效果；

从实践的角度讲，投资者关心货币政策对其影响，货币当局关系货币政策对银行间债券的影响。因此分析货币政策对政策性银行金融债券利率期限结构的影响具有重要的理论及现实意义。

本节主要用三个部分对货币政策与政策性银行金融债券收益率的问题进行研究。首先是就货币政策对政策性银行金融债券利率期限结构的影响进行理论分析，包括影响的传导机制及文献综述。其次是根据理论分析进行实证分析，通过 VAR 等模型实证研究货币政策对政策性银行金融债券的影响。最后是本节的研究结论与政策建议。

4.4.1　货币政策对政策性银行金融债券收益率影响的理论分析

债券价格作为一种金融时间序列，常常受到如利率下降、存款准备金率上调等货币政策的干预影响。所以货币政策的调整对于银行间债券市场来说，也是一项内容丰富的信号。例如降低存款准备金率说明目前货币供给不足，存在通货紧缩的可能和中央银行将采取其他放松银根等政策。而这些货币政策的调整一般会直接影响银行间债券市场的资金供求和市场预期，从而对政策性银行金融债券收益率曲线造成影响。

一般来说，货币政策通过三种效应对银行间债券市场产生影响，从而影响债券的收益率曲线和利率期限结构。

（1）资产结构调整效应。

资产结构调整效应即为托宾资产组合的调整效应，主要反映在货币政策改变了资产成本，从而导致对资产结构进行调整。中央银行执行货币政策时，例如改变货币供应量，商业银行必然随之调整其资产组合，改变金融产品利率，也包括改变对金融资产和非金融资产的投资。具体表现为同业拆借等买卖双方设定利率的改变，等等。由于商业银行调整其资产结构，改变其投资策略，因此对债券的投资会随之改变，因此对债券的收益率造成影响。

（2）财富效应。

莫迪格利安尼在其财富效应理论中提到，中央银行如果采用扩张性货币政策，会导致金融市场资金充裕，债券等金融资产价格随之上升。资产价格上升将导致投资者的金融财富增加，从而导致资产价格和交易数量的持续上升。反之若中央银行采取紧缩的货币政策，金融市场的资金短缺，利率相应提高，债券等金融资产价格将下降，造成债券收益率上升。

（3）预期效应。

有观点认为，货币政策与利率期限结构的理论依据是前文提到的市场预期理论。该理论的核心思想是长期利率由多数短期利率的预期决定。市场对未来短期利率的预期影响利率期限结构。而市场预期主要针对资金供求、通货膨胀等产生。而中央银行的货币政策直接影响资金供求、通货膨胀等因素，所以市场预期与中央银行的货币政策存在很强的相关性。

综上所述，中央银行的货币政策一般直接作用于短期利率，例如中央银行提高商业银行的存款准备金率，商业银行的资金头寸受其影响，进而直接作用于同业拆借利率市场，回购市场，最后通过三种效应由市场传递到长期利率市场。而货币政策最终对经济发展的作用也是通过长期利率实现（霍竟春，2006）。整个过程可以用图 4－3 表示。

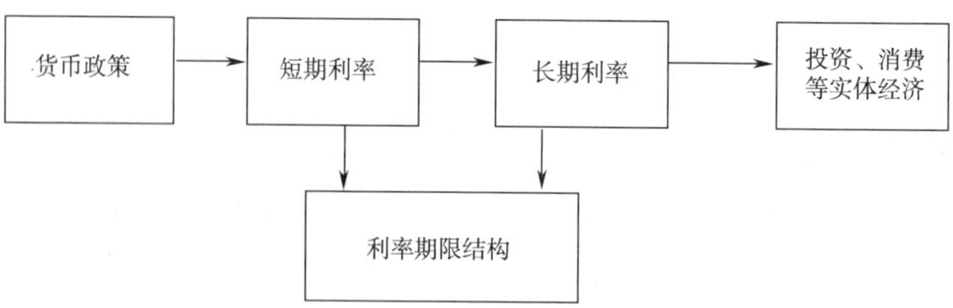

图 4－3　货币政策对利率期限结构的影响途径示意图

在第 2 章的文献综述中，已将货币政策对债券收益率影响的国内外文献进行了梳理，无论是对价格型工具（利率）还是对数量型工具（货币供给量）的研究多集中于债券市场的整体或者国债收益率的研究。还没有文献对政策性银行发行的金融债券进行专项研究。这与政策性银行金融债券在我国银行间债券市场发展的特殊性有关。但是，本书认为政策性银行金融债券的规模已经处于我国债券市场发行规模的第二位，而且其长期享受国债级的信用评级，理论上应受到与国债相同的重视程度。而且，政策性银行的融资和放贷与银行业的整体息息相关，所以就货币政策对政策性银行金融债券的影响进行研究具有重要的现实意义。

4.4.2　货币政策对政策性银行金融债券收益率影响的实证分析

（一）研究思路

本书将实证分析货币政策对政策性银行金融债券收益率的影响。根据理论部分的分析，中央银行控制的基准利率、货币供给量和通货膨胀将首先作用于短期债券收益率，进而影响长期债券收益率。所以本书的实证思路将遵循理论部分的分析，选取中央银行货币政策工具：存款准备金率、定期存款 1 年期基准利率、M_2、通货膨胀率进行分析。同时选取 7 天回购利率和 1 年期、3 年期、5 年期、10 年期、20 年期、30 年期从短期到长期的政策性银行金融债券到期收益率曲线进行计量分析。由于即期收益率一般应用于理论分析，我国债券市场实际投资中一般采用到期收益率，而本书的研究目的在于分析货币政策对政策性银行金融债券收益率的实际影响，因此本书选取到期收益率。本书将选择 VAR 模型对中央银行货币政策工具对政策性银行金融债券收益率的影响进行实证分析。具体分析中央银行货币政策工具对各期限政策性银行金融债券收益率的影响。本书还将对货币政策工具及各期限政策性银行金融债券收益率的关系进行 Granger 因果检验，定量分析各期限政策性银行金融债券收益率是否因货币政策变化而变化，反之政策性银行金融债券是否可以对货币政策的实施进行参考或预测。接下来本书将对各期限政策性银行金融债券收益率进行脉冲响应分析，分析哪些因素对政策性银行金融债券收益率的冲击是短暂的，哪些冲击是持久的。最后是实证分析的总体结论。

（二）研究方法

1. 向量自回归（VAR）模型

系统中有内生变量和外生变量，向量自回归方法不仅考察了外生变量的影响还考察了内生变量滞后值的影响，由此构造的函数模型将单变量自回归模型推广到由多元时间序列变量组成的向量自回归模型。Sims（1980）将 VAR 模型引入到经济学中，推动了经济学系统性和动态性分析的发展。高铁梅等（2006）指出 VAR 模型常用于处理相互关联的时间序列内生变量的系统性与滞后性分析，也可用来研究系统中的随机扰动项对模型体系的动态冲击。目前，VAR 模型是研究多个相互关联的经济指标分析与预测最常用模型之一。下面给出 VAR 模型的基本原理和表达形式。

$$y_t = A_1 y_{t-1} + A_2 y_{t-2} + \cdots + A_p y_{t-p} + Bx_t + U_t \quad \text{公式(4.10)}$$

其中 y_t 是 k 维内生变量向量，x_t 是 d 维外生变量向量，p 是滞后阶数。$A_1 \cdots A_p$ 是 $k \times k$ 维矩阵，是待估计的系数矩阵。

VAR 模型可以不以严格的经济理论为依据，这是 VAR 模型常被用于货币政策研究的原因之一。在建立模型的过程中，只需要明确研究哪些相互联系的变量，再确定内生变量的滞后阶数。VAR 模型可以为我们提供至少三方面的研究结论：一是内生变量的估计参数，可以分析内生变量之间的相互关系；二是 Granger 因果检验，可以说明任意两个变量之间的引导关系；三是脉冲响应函数，其解释相关变量是如何应对各种冲击的。本书也将按此思路进行货币政策对政策性银行金融债券收益率的影响。

2. Granger 因果检验

在保证时间序列平稳的前提下，就可以对时间序列变量进行深入分析，其中因果关系是时间序列变量之间的重要关系之一。因果关系是指原因变量的变化导致结果变量随之变化。因果关系与相关关系不同，我们无法从单个回归方程中确定变量之间是否有因果关系，也不能由此确定这种相关性是否具有经济意义。尽管在回归方程中的解释变量常被默认为是被解释变量的原因，而这一判断依据主要是先验信息或相关的经济理论。

但是我们经常遇到的事实是，在我们研究一个问题时，需要研究的变量并不具有理论上的支持，或者没有充分的信息可以识别变量之间的因果关系。而且即使理论上提出了时间序列变量间的一种因果关系，实践中也需要通过实证数据给予检验。因此我们在研究时间序列变量的问题时，常常用到 Granger 因果关系检验。

Granger 因果检验假定平稳时间序列 x 和 y 的全部信息包含在它们的时间序列之中，我们需要检验的是以下回归模型：

$$y_t = \sum_{i=1}^{q} \alpha_i x_{t-i} + \sum_{j=1}^{q} \beta_j y_{t-j} + u_{1t} \qquad \text{公式(4.11)}$$

$$x_t = \sum_{i=1}^{s} \gamma_i x_{t-i} + \sum_{j=1}^{s} \omega_j y_{t-j} + u_{2t} \qquad \text{公式(4.12)}$$

公式（4.11）的零假设为 $H_0: \alpha_1 = \alpha_2 = \cdots = \alpha_q = 0$

公式（4.12）的零假设为 $H_0: \omega_1 = \omega_2 = \cdots = \omega_s = 0$

此假设的检验通常运用 F 检验统计量，即

$$F=\frac{(RSS_R-RSS_U)/q}{RSS_U/(n-k)}\sim F(q,n-k)\qquad \text{公式(4.13)}$$

其中 n 代表样本容量，q 是滞后阶数，也就是受约束回归方程中待估计参数的个数，k 表示在无约束回归方程中待估参数的个数。Granger 因果检验的核心思想是考察当期的因变量 y 在多大程度上能够被过去的自变量 x 所解释，在解释变量中引入的 x 的滞后值是否能使拟合优度提高。如果自变量 x 在因变量 y 的预测中有帮助，或者 x 与 y 的相关系数 α 的显著性水平下显著，则表示"x 是 y 的 Granger 原因"，即如果计算的 F 值超过临界值 F_α，则拒绝零假设，说明 x 的变动引起了 y 的变动。

3. 脉冲响应分析

实际应用中，由于 VAR 模型用来分析相互关联的时间序列间的系统性变化，或随机扰动项对模型体系的动态冲击，即考察模型受到某种外部冲击或一个误差项的变化对系统变量的动态影响，这就是脉冲响应函数方法（impulse response function，IRF）。具体地说，IRF 方法研究的是系统中的内生变量对一个标准差的变化所产生的反应。我们通过在随机扰动项上加上一个 σ 大小的冲击，所引起的系统内生变量的当期和未来各期的变化程度。IRF 函数即用于衡量这种来自随机扰动项的一个标准差冲击对内生变量当前值和未来值的变化轨迹，其比较直观地刻画出 VAR 模型系统变量之间的动态关系。限于篇幅，本书不对 IRF 函数的具体构造过程进行说明。

（三）样本数据

本书选择银行间债券市场 2008 年 7 月 1 日至 2012 年 12 月 31 日共 1128 个交易日的政策性银行金融债券到期收益率（1 年期、3 年期、5 年期、10 年期、20 年期和 30 年期）的日交易数据。宏观经济及货币政策数据选择 CPI 环比、存款准备金率、M_2 环比增长率、1

年定期存款基准利率、7 天回购利率作为代表。因为宏观经济及货币政策数据通常是月度数据，为了实证分析数据窗口的一致性，本书将政策性银行金融债券到期收益率的日交易数据取月度平均，这样得到从 2008 年 7 月至 2012 年 12 月共 54 个月的时间序列数据。样本数据均来自于 Wind 数据库。用数据的统计性描述如表 4 -4 所示。

表 4 -4　　　　样本数据描述性统计表

单位:%	CPI 环比	M_2 增长率	存款准备金率	定期存款利率	7 天回购利率	1 年期	3 年期	5 年期	10 年期	20 年期	30 年期
均值	21	1.48	18.23	2.85	2.74	2.82	3.32	3.65	4.15	4.76	4.93
最大值	150	4.72	21.50	4.14	5.90	4.46	4.66	4.94	5.14	5.71	5.81
最小值	-80	-1.01	15.50	2.25	0.94	1.25	1.72	2.35	3.33	4.02	4.19

（四）实证结果

1. VAR 模型

时间序列的非平稳性会破坏经典回归模型的基本假设，造成计量结果的无效。一般来说，时间序列的平稳是时间序列计量分析的基础。判断时间序列是否平稳是通过判断是否其存在单位根，从而检验序列的平稳性。目前通常的判断方法是由 Dicky 与 Fuller 在 DF 检验的基础上提出的 ADF 检验。

对于时间序列变量 y_t，存在以下三种形式的模型。

$$\Delta y_t = \delta y_{t-1} + \sum_{i=1}^{p} \lambda_i \Delta y_{t-i} + u_t \qquad 公式(4.14)$$

$$\Delta y_t = \alpha + \delta y_{t-1} + \sum_{i=1}^{p} \lambda_i \Delta y_{t-i} + u_t \qquad 公式(4.15)$$

$$\Delta y_t = \alpha + \beta t + \delta y_{t-1} + \sum_{i=1}^{p} \lambda_i \Delta y_{t-i} + u_t \qquad 公式(4.16)$$

公式（4.14）不存在常数项，公式（4.15）含有常数项，公式（4.16）含有常数项和时间趋势项。对于这三种形式序列不平稳的零

假设为

$$H_0: \delta = 0 \qquad 公式(4.17)$$

利用上述三个模型中的适当形式估计出系数 δ，通过 ADF 临界值表检验零假设，如果检验结果拒绝了零假设，则表明时间序列平稳。

所以本书首先对样本数据进行平稳性检验，经过 ADF 分析，本书发现 CPI 环比，1 年定期存款利率、M_2 增长率及各期限的政策性银行金融债券都是平稳的，但是存款准备金率和 7 天回购利率不平稳，不平稳的原因也许与经济周期有关，限于篇幅，本书不进行讨论。ADF 检验结果及本书实证分析的符号表示见表 4－5。

表 4－5　　　　各变量 ADF 统计表

	符号表示	ADF 检验值	Prob	检验结果
CPI 环比	CPI	－4.727312	0.0000	平稳
存款准备金率	drr	－0.639028	0.8525	不平稳
存款准备金率差分	difdrr	－5.068142	0.0001	平稳
1 年定期存款利率	dr	－2.847766	0.0588	平稳
M_2 增长率	M_2gr	－2.698502	0.0813	平稳
7 天回购利率	rr7	－1.464997	0.5431	不平稳
7 天回购利率差分	difrr7	－7.243976	0.0000	平稳
1 年期到期收益率	YTM1	－2.671558	0.0858	平稳
5 年期到期收益率	YTM5	－3.764639	0.0057	平稳
10 年期到期收益率	YTM10	－4.392658	0.0009	平稳
20 年期到期收益率	YTM20	－4.885986	0.0002	平稳
30 年期到期收益率	YTM30	－4.296819	0.0012	平稳

考虑到数据的不平稳性，这里采用平稳数据进行 VAR 模型的实证分析，经过 AIC 和 SC 准则检验，选择滞后两阶模型。建立如公式（4.18）所示的 VAR（2）模型。

$$
\begin{pmatrix} CPI \\ difdrr \\ dr \\ M_2gr \\ difrr7 \\ YTM1 \\ YTM5 \\ YTM10 \\ YTM20 \\ YTM30 \end{pmatrix}
=
\begin{pmatrix} 6.2710 \\ 1.7260 \\ 0.3079 \\ -3.4365 \\ 3.6277 \\ 1.2406 \\ 1.5066 \\ 1.9042 \\ 1.4621 \\ 2.0990 \end{pmatrix}
+
\begin{pmatrix}
-0.0123 & -0.7064 & -0.5377 & 0.1505 & 0.0823 & 0.1424 & 3.1069 & -2.099 & -0.0321 & -0.6486 \\
0.1319 & -0.1127 & 0.9824 & 0.0529 & -0.0765 & -0.4552 & 1.4553 & -0.7161 & -0.6032 & 0.0445 \\
-0.0463 & 0.1417 & 1.0467 & 0.0354 & 0.0592 & -0.0321 & -0.1393 & 0.3407 & 0.6236 & -0.0763 \\
0.7851 & -0.9029 & -0.9266 & -0.3922 & -0.0662 & -2.2044 & -1.9129 & 3.4902 & 0.0690 & -0.0736 \\
0.0019 & 1.0175 & 1.8143 & 0.1089 & -0.1782 & -0.6943 & 2.8345 & -3.4690 & 0.4806 & -0.6597 \\
-0.0469 & 0.1899 & 0.8634 & 0.0370 & 0.0574 & 0.8997 & 0.3981 & -0.0946 & 0.5054 & -0.3170 \\
-0.0262 & -0.0076 & 0.6797 & -0.0004 & 0.0998 & -0.1185 & 1.1069 & 0.0375 & 0.6788 & -0.4154 \\
-0.0499 & -0.0465 & 0.4213 & -0.0067 & 0.0618 & -0.1863 & 0.4259 & 0.8931 & 0.2488 & -0.2172 \\
-0.0085 & -0.0344 & 0.2476 & -0.0083 & 0.0187 & -0.1297 & 0.5067 & -0.2604 & 1.1026 & 0.0657 \\
-0.0298 & -0.0270 & 0.3440 & -0.0037 & -0.0111 & -0.2205 & 0.7335 & -0.5561 & 0.9279 & 0.3502
\end{pmatrix}
\begin{pmatrix} CPI(-1) \\ difdrr(-1) \\ dr(-1) \\ M_2gr(-1) \\ difrr7(-1) \\ YTM1(-1) \\ YTM5(-1) \\ YTM10(-1) \\ YTM20(-1) \\ YTM30(-1) \end{pmatrix}
$$

$$
+
\begin{pmatrix}
-0.2979 & -0.0307 & 0.0131 & 0.0565 & -0.0021 & -0.4979 & 0.3011 & -0.1093 & -0.0634 & -0.6794 \\
-0.0775 & 0.2179 & -0.7778 & -0.0137 & -0.0888 & -0.2221 & 0.2167 & -0.1124 & -1.1761 & 1.0538 \\
-0.0606 & 0.0134 & -0.4314 & 0.0199 & 0.0589 & 0.3893 & -0.0491 & -0.4853 & 0.1586 & -0.4782 \\
0.6651 & 0.3383 & 0.2528 & -0.1369 & -0.1131 & 3.0123 & -2.9450 & 1.2654 & -0.8112 & 1.4018 \\
-0.4821 & 0.5868 & -0.5114 & -0.1615 & -0.5376 & -0.4401 & -1.2664 & 1.9628 & 0.2749 & -0.7833 \\
-0.1195 & 0.1152 & 0.6908 & -0.0338 & 0.0800 & -0.2147 & 0.3311 & -0.5779 & -0.4329 & 0.1104 \\
-0.0169 & -0.2499 & 0.6507 & -0.0351 & 0.0695 & 0.0455 & 0.1022 & -0.2980 & -0.9897 & 0.5170 \\
-0.0125 & 0.2630 & 0.4477 & -0.0174 & 0.0787 & 0.1136 & 0.0428 & -0.2797 & -0.9420 & 0.5469 \\
-0.0316 & -0.2023 & 0.1109 & -0.0031 & -0.0558 & -0.0735 & 0.0063 & 0.0780 & -0.1011 & 0.4024 \\
-0.0199 & 0.2012 & 0.1660 & -0.0187 & -0.0386 & -0.0588 & 0.1133 & 0.0886 & -1.0877 & 0.2040
\end{pmatrix}
\begin{pmatrix} CPI(-2) \\ difdrr(-2) \\ dr(-2) \\ M_2gr(-2) \\ difrr7(-2) \\ YTM1(-2) \\ YTM5(-2) \\ YTM10(-2) \\ YTM20(-2) \\ YTM30(-2) \end{pmatrix}
+ u_t
$$

公式(4.18)

从公式（4.18）的实证结果可以发现，正如理论分析部分所述，通货膨胀与政策性银行金融债券的收益率呈负相关关系。即通货膨胀率越高，政策性银行金融债券收益率越低。这可以从 CPI 与各期限到期收益率负相关系数，M_2 增长率与各期限到期收益率的负相关系数以及一年期定期存款利率与各期限到期收益率的正相关系数可得。因为 CPI 环比表示通货膨胀率，其数值越高，代表通货膨胀越强。同理，M_2 增长率越高，代表通货膨胀程度越强，而相关系数为负则表明通货膨胀与政策性银行金融债券到期收益率呈负相关关系。正如理论分析部分所论述，通货膨胀代表资金流动性充裕，商业银行基于资产调整效应、财富效应以及市场预期效应造成政策性银行金融债券价格上涨，从而收益率降低。1 年期定期存款利率越高，代表中央银行行使从紧的货币政策，通货膨胀率将降低。正相关的关系代表市场预期对中央银行的货币政策持比较信任的态度，从紧的货币政策也将通过上述效应提高政策性银行金融债券收益率。7 天回购利率变化与中短期政策性银行金融债券收益率呈正相关关系，与长期政策性银行金融债券收益率呈负相关关系，说明我国银行间债券市场的传导机制存在一定的连带性，即中期债券收益率与短期债券收益率传导效果明显，但是短期债券收益率的变化对长期债券收益率的传导效果不明显。实证结果中存款准备金率的变化与各期限政策性银行金融债券到期收益率关系出现了正负不一致性，这可能是因为实证分析变量采用的是存款准备金的差分变量，代表存款准备金率的变化，而存款准备金率的变化对通货膨胀率变化不及存款准备金率的经济意义明显。从公式（4. 18）我们还可以看出各期限政策性银行金融债券到期收益率与自身的滞后期呈正相关关系，而与其他期限政策性银行金融债券的到期收益率关系不存在明显的正负相关性。

综上所述，VAR 模型的实证结果总体上表明中央银行货币工具造成的通货膨胀变化与政策性银行金融债券的到期收益率呈负相关关系。银行间债券市场收益率长短期债券收益率存在一定的传导性。

2. Granger 因果检验

为了进一步分析货币政策与各期限政策性银行金融债券收益率的关系，本书进行 Granger 因果检验。其结果如表 4 –6 所示。

表 4 –6　　　　Granger 因果检验结果

原假设	样本值	F 统计量	P 值
YTM1 不是 CPI 的 Granger 原因	52	0. 60190	0. 5519
CPI 不是 YTM1 的 Granger 原因	52	2. 50473	0. 0795
YTM5 不是 CPI 的 Granger 原因	52	0. 61505	0. 5449
CPI 不是 YTM5 的 Granger 原因	52	5. 09578	0. 0053
YTM10 不是 CPI 的 Granger 原因	52	0. 35993	0. 6996
CPI 不是 YTM10 的 Granger 原因	52	2. 55933	0. 0881

续表

原假设	样本值	F 统计量	P 值
YTM20 不是 CPI 的 Granger 原因	52	0.50653	0.6058
CPI 不是 YTM20 的 Granger 原因	52	2.72057	0.0762
YTM30 不是 CPI 的 Granger 原因	52	0.60670	0.5494
CPI 不是 YTM30 的 Granger 原因	52	5.12698	0.0097
YTM5 不是存款准备金变化率的 Granger 原因	52	3.36233	0.0432
存款准备金变化率不是 YTM1 的 Granger 原因	52	8.35788	0.0008
YTM5 不是存款准备金变化率的 Granger 原因	52	3.66504	0.0332
存款准备金变化率不是 YTM5 的 Granger 原因	52	6.74622	0.0027
YTM10 不是存款准备金变化率的 Granger 原因	52	3.28833	0.0461
存款准备金变化率不是 YTM10 的 Granger 原因	52	4.93702	0.0113
YTM20 不是存款准备金变化率的 Granger 原因	52	2.08152	0.1361
存款准备金变化率不是 YTM20 的 Granger 原因	52	6.41618	0.0034
YTM30 不是存款准备金变化率的 Granger 原因	52	1.85519	0.1677
存款准备金变化率不是 YTM30 的 Granger 原因	52	4.77248	0.0130
YTM1 不是 M_2 增长率的 Granger 原因	52	1.86412	0.1663
M_2 增长率不是 YTM1 的 Granger 原因	52	4.83067	0.0124
YTM5 不是 M_2 增长率的 Granger 原因	52	2.65036	0.0812
M_2 增长率不是 YTM5 的 Granger 原因	52	4.23596	0.0204
YTM10 不是 M_2 增长率的 Granger 原因	52	1.65566	0.2019
M_2 增长率不是 YTM10 的 Granger 原因	52	4.44162	0.0171
YTM20 不是 M_2 增长率的 Granger 原因	52	2.42982	0.0990
M_2 增长率不是 YTM20 的 Granger 原因	52	2.91698	0.0640
YTM30 不是 M_2 增长率的 Granger 原因	52	2.43425	0.0986
M_2 增长率不是 YTM30 的 Granger 原因	52	2.64326	0.0817

从表 4 - 6 我们可以看到 M_2 增长率、CPI 环比和存款准备金变化的原假设均被否定。说明 M_2 增长率、CPI 环比和存款准备金变化均为各期限政策性银行金融债券收益率变化。这与我们理论部分与 VAR 模型分析的结论一致。但是各期限政策性银行金融债券收益率的变化并不影响 M_2 增长率、CPI 环比和存款准备金变化，其主要原

因是政策性银行金融债券虽然规模仅次于国债，但是毕竟只是银行间债券市场的一部分，因此并没有构成货币政策变化的原因。

3. 脉冲响应分析

1 年期收益率脉冲响应分析

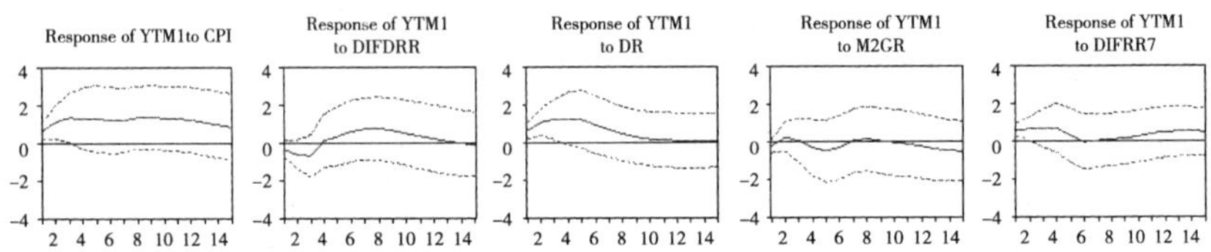

图 4－4　1 年期政策性银行金融债券收益率脉冲响应分析图

从图 4－4 中我们可以发现，CPI 环比代表的通货膨胀对 1 年期收益率的冲击是比较强烈且持久的。这说明了 1 年期政策性银行金融债券收益率对通货膨胀预期比较敏感。而 M_2 增长率，1 年定期存款利率和存款准备金率对其收益率的冲击则在 10 期左右开始衰减。7 天回购利率对其冲击存在不确定性。

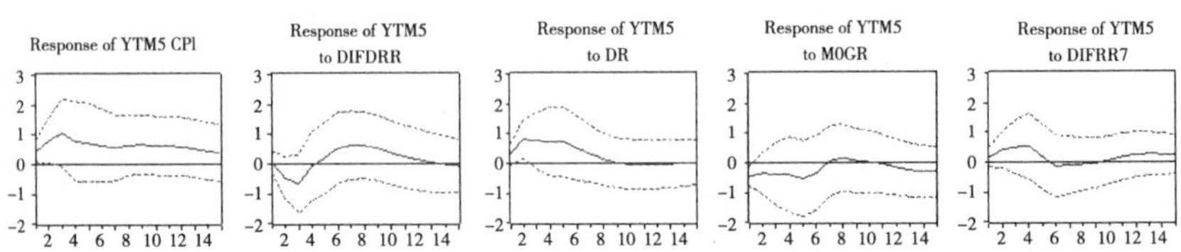

图 4－5　5 年期政策性银行金融债券收益率脉冲响应分析图

图 4－5 是 5 年期政策性银行金融债券收益率的脉冲响应图，从中我们可以发现，CPI 环比代表的通货膨胀对 5 年期收益率的冲击依然比较强烈且持久。这说明了 5 年期政策性银行金融债券收益率同样对通货膨胀预期比较敏感。而 M_2 增长率，1 年定期存款利率和存款准备金率对其收益率的冲击同 1 年期收益率类似在 10 期左右开始衰减。7 天回购利率对其冲击同样存在不确定性。

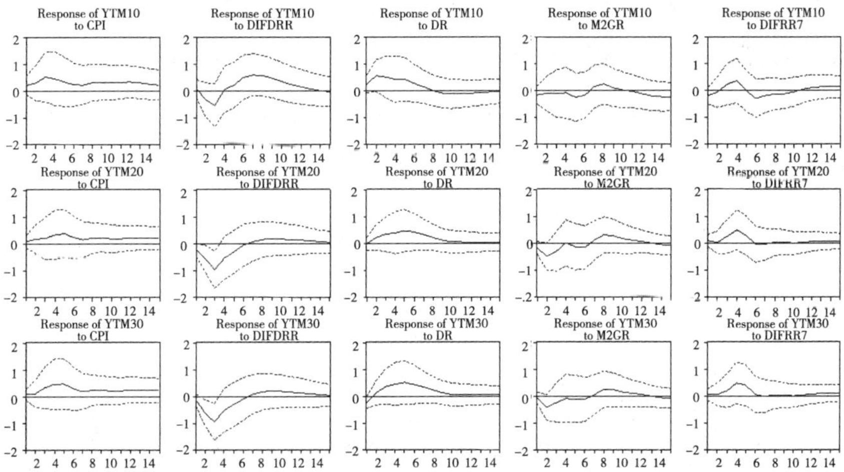

图 4－6　10 年期、20 年期、30 年期政策性银行金融债券收益率脉冲响应分析图

图 4－6 是 10 年期、20 年期、30 年期政策性银行金融债券收益率脉冲响应分析图，将其放在一起分析是因为三者的脉冲响应分析图存在相似性。CPI 环比对其影响虽然不及短期收益率强烈，但是依然具有持久性。M_2 增长率，1 年定期存款利率和存款准备金率对其收益率的冲击同短期收益率类似，在 12 期左右开始衰减。7 天回购利率对其冲击在第 6 期左右即衰减，相比短期收益率的影响而言说明 7 天回购利率的变化主要影响短期债券。

（五）结论总结

本节分析了货币政策对政策性银行金融债券收益率的影响。首先从理论部分分析了货币政策如何影响债券市场收益率，同时对相关文献进行了综述。指出中央银行改变基准利率及货币供给冲击是影响债券市场收益率货币政策的主要原因。同时本书运用 VAR 模型、Granger 因果检验及脉冲响应分析，实证分析了货币政策的改变对政策性银行金融债券收益率的影响，其结论与理论分析相一致。

可见，随着债券市场的不断发展，政策性银行金融债券同样可以作为货币政策信息的传导工具，其收益率曲线对货币政策变化的反应强烈，同时7天回购利率对短期政策性银行金融债券具有传导作用，说明我国银行间债券市场符合市场预期理论，市场投资者对中央银行货币政策持信任态度。

第5章　政策性银行金融债券的市场风险研究

金融市场风险变化无常，资本市场的风险更是瞬息万变。银行间债券市场的利率变化会时刻导致政策性银行金融债券收益率的波动，从而使政策性银行金融债券存在一定的风险。研究政策性银行金融债券收益率的波动性特征不仅对投资者至关重要，而且对政策性银行金融债券的合理定价，对监管当局制定监管政策以及促进债券市场的发展也极具重要的理论价值和现实意义。

5.1　GARCH模型简介

大量文献研究证明，金融资产收益率普遍存在波动聚集以及尖峰厚尾的特征，表明金融资产收益率序列具有明显的异方差性。学术界和业界对金融时间序列的研究发现，金融时间序列的变化常常随着时期的不同有很大的变化。误差的预测值在不同的时间段会表现出不同的特点。基于样本方差测度的风险不能很好的反映风险的动态性与条件依赖性，条件方差是一种动态的方差测度方法，可以用来研究波动随时间演变的特征。金融时间序列往往存在条件异方差性（Conditional Heteroscedasticity）和波动聚集性（Volatility Clustering），波动率可能在一段时间里持续较高，而在另一段时间里持续较低。同时正面消息和负面消息的冲击具有非对称效应，我们称之为“杠杆效应”，GARCH 理论在处理这些金融变量中取得了较高的成效。

自回归条件异方差（ARCH）模型（Engle，1982）是考察资产收益波动的一个有力工具，它通过对条件方差使用自回归方式设定一个线性函数形式来模拟这种不可观测的二阶矩的变化。其基本思想是均值方程中随机扰动项 ε_t 的条件方差依赖于前期残差平方值的大小，即 ARCH（P）过程可以表示为公式（5.1）：

$$\mathrm{var}(\varepsilon_t) = \sigma_t^2 = \alpha_0 + \alpha_1\varepsilon_{t-1}^2 + \alpha_2\varepsilon_{t-2}^2 + \cdots + \alpha_p\varepsilon_{t-p}^2$$

公式(5.1)

但是 ARCH 模型在研究实践中存在诸多问题，主要体现在：对于 ARCH 模型的参数而言，由于没有其他约束限制，估计出的参数 α_i 的值可能非负，而实际中方差不可能小于0，通常需要 $\alpha_i \geqslant 0$ 这个约束条件来保证模型条件方差非负。因此，在应用 ARCH 模型的过程中，通常会附加一个递减时滞结构，去保证模型对限定条件的满足，由于方差方程中的 σ_t^2 是一个分布滞后模型，在实际的研究中考虑运用少数 σ_t^2 滞后值去代替模型中滞后数量较多的 ε_t^2，这是 GARCH 模型发展的前期思想基础，故可以看出，GARCH 模型是由 ARCH 模型延伸而来。1986 年 Bollerslev 将 ARCH 模型推广，得到广义自回归条件异方差模型，即 GARCH 模型，他通过在波动率方程中加入条件方差的滞后项替代了许多滞后扰动项，改善了估计效果。大量实证研究表明，金融时间序列往往具有条件异方差性、波动聚集性和概率分布的尖峰厚尾特性，而 GARCH 类模型却可以很好地捕捉这些特性。

下面将采用 GARCH 模型族捕捉市场风险演变的动态性质。GARCH 模型一般由两个方程组成，一个是条件均值方程，可用一个 ARMA 模型表示其均值过程，另一个是条件方差方程。若收益率 r 服从 $ARMA(m,n) - GARCH(p,q)$，则模型如公式（5.2）所示。

$$\begin{cases} r_t = a_0 + \sum_{i=1}^{m} a_i r_{t-i} + \sum_{j=1}^{n} b_j e_{t-j} + e_t \\ e_t = \sigma_t \varepsilon_t \\ \sigma_t^2 = \alpha_0 + \sum_{i=1}^{p} \alpha_i e_{t-i}^2 + \sum_{j=1}^{q} \beta_j \sigma_{t-j}^2, \end{cases} \qquad 公式(5.2)$$

其中，$\{\varepsilon_t\}$ 是一个独立同分布的随机变量序列，均值为 0，方差为 1，$\alpha_0 > 0$，$\alpha_i \geqslant 0$，$\beta_j \geqslant 0$，$\sum_{i=1}^{\max(p,q)} (\alpha_i + \beta_i) < 1$（当 $i > p$ 时，$\alpha_i = 0$；$i > q$ 时，$\beta_i = 0$）条件保证了方差有限，否则方差将是发散的，这时需要用单位根 GARCH（IGARCH（p，q））来刻画。为方便表述，称 $\sum_{i=1}^{p} \alpha_i e_{t-i}^2$ 为 ARCH 项，$\sum_{j=1}^{q} \beta_j \sigma_{t-j}^2$ 为 GARCH 项。α_i 反映前期冲击扰动对将来条件方差的影响，β_i 反映前期条件方差对将来条件方差的影响。$(\alpha_i + \beta_i)$ 的经济学含义是它反映了经济波动的持续性，它的值越大，波动的持续性越强。当 $q = 0$ 时，公式（5.2）就是一个纯粹的 ARCH（p）模型，当公式（5.2）中的 $p = 1$，且 $q = 1$ 时，就是 GARCH（1，1）模型。

通常假设扰动项服从正态分布，然而，对证券市场收益率序列的大量实证研究普遍发现，金融收益率序列一般不服从正态分布假设，而是有明显的尖峰、厚尾特征。为获得更为稳健的参数估计结果，需使用 GED 分布等来刻画残差项的厚尾性。假定 ε_t 服从广义误差分布（GED），则其密度函数为 $f(x) = \dfrac{\nu \exp(-\frac{1}{2}|x/\lambda|^{\nu})}{\lambda 2^{(1+1/\nu)} \Gamma(1/\nu)}$，$v > 0$

其中，$\Gamma(\cdot)$ 是 Gamma 函数，$\lambda = [2^{(-2/\nu)} \Gamma(1/\nu) / \Gamma(3/v)]^{1/2}$，当 $\nu = 2$ 时，GED 分布退化为正态分布。若在 GARCH（1，1）模型中，假设扰动项服从 GED，具体的对数似然函数形式为

$$\ln L(\theta) = -\frac{T}{2} \ln\left\{\frac{\Gamma(1/r)^3}{\Gamma(3/r)(r/2)^2}\right\} - \frac{1}{2} \sum_{t=1}^{T} \ln \sigma_t^2(\theta)$$

$$- \sum_{t=1}^{T} \left(\frac{\Gamma(3/r) e_t^2(\theta)}{\sigma_t^2(\theta) \Gamma(1/r)} \right)^{r/2}$$

其中，θ 表示待估计的参数集合；T 表示观测点数；r 表示 GED 的形状参数，取值在 0 到无穷大之间，$r = 2$ 时 GED 就是标准正态分布，$r < 2$ 时 GED 是厚尾分布，$r > 2$ 时 GED 是瘦尾分布，$\Gamma(\cdot)$ 是 Gamma 函数。

5.2 基于 GARCH 模型的政策性银行金融债券的市场风险测度

本书选取 2008 年 1 月 2 日至 2013 年 1 月 18 日 1 年期、3 年期、5 年期、10 年期、20 年期和 30 年期的共 1260 个交易日的政策性银行金融债券即期收益率交易数据进行分析。分别分析不同期限政策性银行金融债券收益率的波动性。在对政策性银行金融债券收益率建立 GARCH 模型之前，先对政策性银行金融债券收益率进行 ARCH 效应检验，因此收益率序列建立如公式（5.3）模型。

$$r_t = \alpha_0 + \alpha_1 r_{t-1} + u_t,\ u_t \sim N(0, \sigma^2) \qquad \text{公式(5.3)}$$

在对 6 种期限的政策性银行金融债券收益率估计模型公式（5.3）后，其残差序列图见图 5－1。图 5－1 按从左至右，从上至下

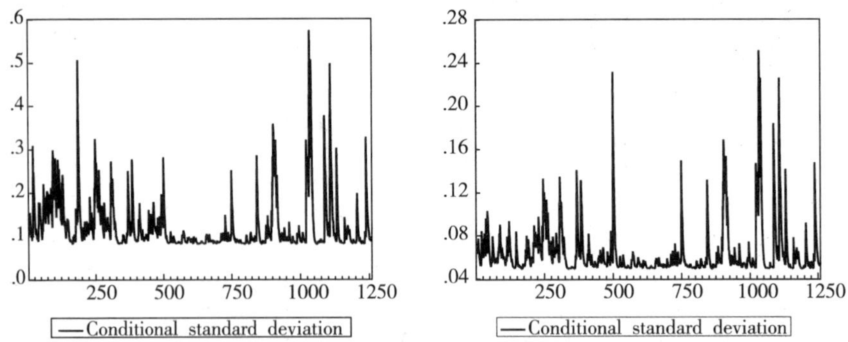

图 5－1　不同期限残差序列的标准差图

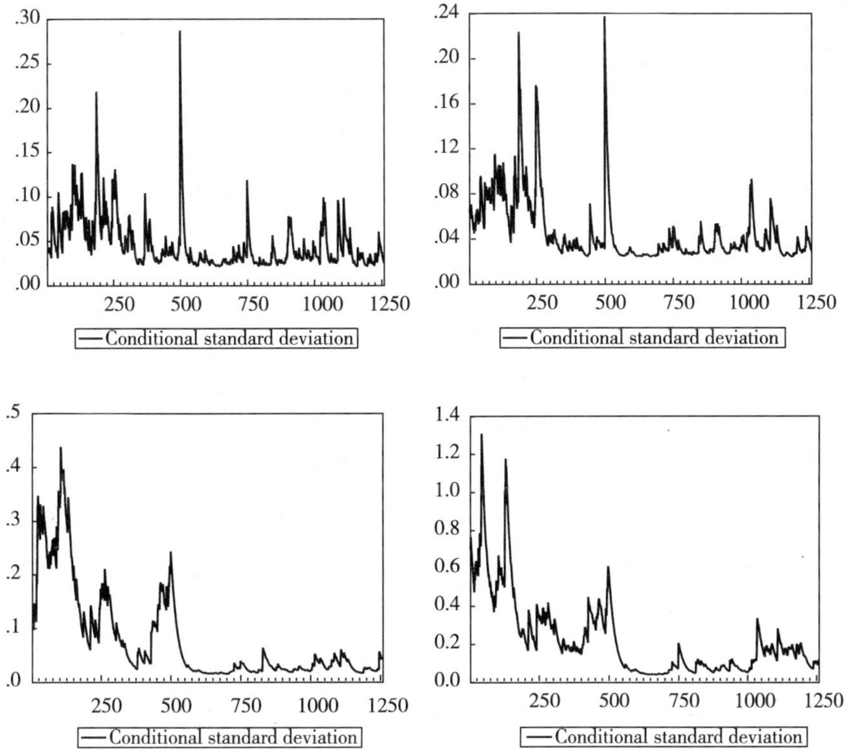

图 5－1　不同期限残差序列的标准差图（续）

的顺序分别表示 1 年期、3 年期、5 年期、10 年期、20 年期和 30 年期的残差序列标准差。

从图 5－1 中可以清楚地看到，6 种期限的政策性银行金融债券收益率序列具有波动聚集及异方差特征。由于大量研究表明，GARCH（1，1）模型已经涵盖大多数金融时间序列收益率情况，所以本书也采用 GARCH（1，1）模型分析政策性银行金融债券收益率的波动性，再对其残差进行 ARCH 效应验证。为了严谨起见，本书先进行 ARCH 效应检验，其结果见表 5－1。

表 5 - 1　　　　　　ARCH 效应检验

1 年期 F - statistic	0.0934	Probability	0.0434
Obs * R - squared	0.2812	Probability	0.0019
3 年期 F - statistic	0.0658	Probability	0.0163
Obs * R - squared	0.1981	Probability	0.0072
5 年期 F - statistic	0.1297	Probability	0.0037
Obs * R - squared	0.3904	Probability	0.0149
10 年期 F - statistic	0.0096	Probability	0.0386
Obs * R - squared	0.0288	Probability	0.0019
20 年期 F - statistic	0.4855	Probability	0.0576
Obs * R - squared	1.4685	Probability	0.0443
30 年期 F - statistic	0.0659	Probability	0.0419
Obs * R - squared	0.1982	Probability	0.0571

统计量都在5%以下的显著性水平下拒绝了不存在 ARCH 效应的零假设，因此可以进一步建立如公式（5.2）和公式（5.3）的 GARCH（1，1）模型。表 5 - 2 至表 5 - 7 为参数的估计结果：

表 5 - 2　　　　1 年期收益率 GARCH 模型的参数估计

	系数	标准误	t 统计量	P 值
均值方程				
r_{t-1}	0.9989	0.0006	1434.583	0.0000
方差方程				
C	0.002165	0.000175	12.39335	0.0000
RESID（-1）^2	0.235845	0.022705	10.38745	0.0000
GARCH（-1）	0.664591	0.022848	29.08766	0.0000

表 5 - 3　　　　3 年期收益率 GARCH 模型的参数估计

	系数	标准误	t 统计量	P 值
均值方程				
r_{t-1}	0.9997	0.0003	2511.819	0.0000
方差方程				
C	0.000721	5.73E-05	12.58546	0.0000
RESID（-1）^2	0.156034	0.016796	9.289739	0.0000
GARCH（-1）	0.694596	0.020566	33.77427	0.0000

表 5-4　　　5 年期收益率 GARCH 模型的参数估计

	系数	标准误	t 统计量	P 值
均值方程				
r_{t-1}	0.9642	0.0002	3771.812	0.0000
方差方程				
C	7.72E-05	7.68E-06	10.04144	0.0000
RESID (-1) ^2	0.220371	0.011199	19.67829	0.0000
GARCH (-1)	0.707769	0.010202	79.17595	0.0000

表 5-5　　　10 年期收益率 GARCH 模型的参数估计

	系数	标准误	t 统计量	P 值
均值方程				
r_{t-1}	0.9637	0.0003	3706.843	0.0000
方差方程				
C	7.67E-05	6.46E-06	11.87052	0.0000
RESID (-1) ^2	0.131725	0.011634	12.18191	0.0000
GARCH (-1)	0.861161	0.008727	98.67230	0.0000

表 5-6　　　20 年期收益率 GARCH 模型的参数估计

	系数	标准误	t 统计量	P 值
均值方程				
r_{t-1}	0.9523	0.0002	5297.282	0.0000
方差方程				
C	1.73E-05	9.39E-07	18.39717	0.0000
RESID (-1) ^2	0.087406	0.004712	18.55121	0.0000
GARCH (-1)	0.920329	0.002239	411.0010	0.0000

表 5-7　　　30 年期收益率 GARCH 模型的参数估计

	系数	标准误	t 统计量	P 值
均值方程				
r_{t-1}	0.9864	0.0006	1660.947	0.0000
方差方程				
C	0.000109	7.78E-06	14.07227	0.0000
RESID (-1) ^2	0.085175	0.003966	21.47426	0.0000
GARCH (-1)	0.915066	0.002243	412.3815	0.0000

根据表5－2至表5－7参数的估计结果可知，方差方程中的ARCH项即$RESID(-1)^2$和GARCH项的系数都在1%的显著性水平下显著，这说明GARCH(1,1)模型能较好的拟合样本数据残值的方差。为了检查GARCH（1，1）模型是否消除了残差序列的ARCH效应，还要对公式（5.3）进行ARCH效应检验，结果表明残差序列已经不存在ARCH效应，但是限于篇幅本书略去了论述检验过程。上述实证结果说明这6种期限的政策性银行金融债券均存在异方差性（由GARCH项的显著性可知），并且与前期收益率的残值强相关（根据$RESID(-1)^2$显著性可知）。方差方程中ARCH项的系数α_1和GARCH项的系数β_1之和小于1，满足了参数约束条件，说明方差方程是平稳的。但两者系数之和非常接近于1，表明条件方差所受到的冲击是持久的，即过去的一次冲击对未来所有期的方差预测都有一定的影响。而第4章的实证研究也说明了货币政策的改变对政策性银行金融债券的收益率的影响确实具有持久性。

5.3 商业化改革对政策性银行金融债券收益率波动的影响研究

2007年第三次全国金融工作会议上，政策性银行向商业化转型的改革思路正式确立，由于国家开发银行在开发性金融的基础上实现了良好的经济效益和社会效益，市场化程度相对较高，改革的阻力相对较小，因此成为向商业银行转型的第一家试点银行。2008年，国开行挂牌成立了国家开发银行股份有限公司，拉开了商业化转型的帷幕。政策性银行商业化运作的关键是具有市场化的筹资方式、健全的风险评估体系等。本节旨在分析政策性银行的商业化改革对债券市场风险的影响，这主要包括两个方面：一是收益率的变化，二是债券价格的波动。

5.3.1　影响机制分析

1. 商业化转型对政策性银行金融债券市场风险的影响

市场风险是利率、汇率或价格变动造成损失的风险。对投资者而言，商业化转型使得影响国开行债券价格的不确定性因素增加，例如政策支持的不确定性，国开行资信的降低，经营风险提高，风险贴现的增加，债券价值的下降等。因此，相对于转型前，国开行债券价值下降的可能性变大，投资国开行新发行债券面临的市场风险也相应增加。

信用风险是银行贷款或投资债券中发生的一种风险，即借款者违约的风险，是借款人因各种原因未能及时、足额偿还债务或银行贷款而违约的可能性。国开行享有国家级信用的隐性担保，对投资者而言，即便国开行出现还本付息困难，仍有国家信用作为担保，因此投资国开行债券信用风险几乎为零。全面的商业化运作及国家开发银行性质的转变使得国家信用问题变得越来越敏感，如果转型后国家担保不存在，国开行经营出现困难，则可能存在信用风险。

对国开行债券而言，商业化转型可能会同时增加新债的市场风险和信用风险，导致投资者对投资金融债券收益率的要求抬高。2007 年第一期金融债券险些流标，且发债利率比市场预期的 3.1% 高出 40 个基点，充分体现出市场及其他机构集体对国开行债券的顾虑，这种顾虑本质上是对商业化改革后国开行债券风险和价值变动的担忧。

2. 商业化转型增加政策性银行金融债券价值贬值的风险

$$债券价值 = 各期利息现值 + 债券到期时面值现值$$

商业化转型可能造成国开行债信水平的下降，从而其债券的信用风险溢价将上升，债券的贴现率提高。如果国开行转型采取新老债券不划断的方法，由于贴现率的提高，其债券的价值将出现萎缩，那么，国开行债券的持有人将面临着债券价值贬值的风险。

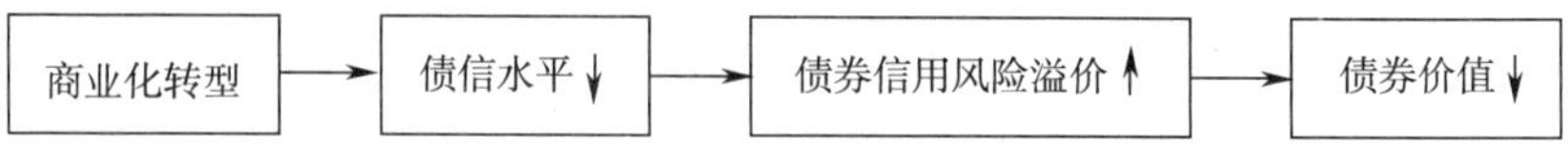

图 5－2　国开行商业化转型可能导致已发债券贬值

如果采取新老划断的方法，那么国开行存量债券的利率与国开行转型后可能的风险溢价无关，贴现率仍然维持原来水平。因此，如果采取新老划断的办法，国开行商业化改制不会给当前持有人带来实际的损失。

5.3.2　研究模型设计

这里采用 $ARMA(m,n)-GARCH(p,q)$ 模型来对政策性银行金融债券变化率序列进行拟合，该模型由两部分组成，分别是均值方程与方差方程。均值方程的选取过程与公式（5.2）相同，不同的是方差方程，这里选取了能捕捉杠杆效应的 TGARCH 模型来捕捉收益率变化率序列的异方差性。

在 GARCH 模型基础上，Zakoia 等（1991）提出了能够描述非对称冲击的 TGARCH 模型，即 GARCH（1，1）模型中的条件方差方程变为

$$\sigma_t^2 = \omega + \alpha\varepsilon_{t-1}^2 + \gamma\varepsilon_{t-1}^2 I_{t-1} + \beta\sigma_{t-1}^2 \qquad \text{公式(5.4)}$$

其中：I_{t-1} 是一个虚拟变量，当 $\varepsilon_{t-1} < 0$ 时，$I_{t-1} = 1$；否则，$I_{t-1} = 0$。如果 γ 显著不等于 0，则表明存在杠杆效应。

公式（5.4）的条件方差方程有四个组成部分：常数项 ω；前一期的波动信息 ε_{t-1}^2；杠杆效应项 $\gamma\varepsilon_{t-1}^2 I_{t-1}$，它表示好消息（$\varepsilon_{t-1} > 0$）

和坏消息（$\varepsilon_{t-1}<0$）对条件方差有不同的影响：好消息只有 α 倍的冲击，坏消息则有（$\alpha+\gamma$）倍的冲击；以及上一期的预测方差 σ_{t-1}^2。

为保证条件方差 $\sigma_t^2>0$，须有 $\omega>0$，$\alpha\geqslant 0$，$\gamma\geqslant 0$，$\beta\geqslant 0$；为保证 TGARCH（1，1）模型的平稳性，须有 $\alpha+\beta+\gamma<1$。

本书的实证研究程序主要分为两个步骤：

第一，对整个样本区间进行检验，判断政策性银行商业化改革是否影响了市场收益率的波动水平。在条件方差方程中加入了反映政策性银行商业化改革的虚拟变量 DV（商业化改革前，DV =0；商业化改革后，DV =1），检验其系数 λ 的统计显著性。若 λ 统计显著，说明政策性银行商业化改革对政策性银行金融债券收益率的波动有影响。若 $\lambda<0$，表明政策性银行商业化改革使得市场风险减小；反之，则增加了政策性银行金融债券的市场风险。

$$\sigma_t^2=\omega+\alpha e_{t-1}^2+\gamma e_{t-1}^2 I_{t-1}+\beta\sigma_{t-1}^2+\lambda DV \qquad \text{公式(5.5)}$$

第二，将数据区间划分为政策主导、市场机制主导的两个子区间，对两个子区间进行 TGARCH（1，1）建模和对比研究，条件方差方程为

$$\sigma_t^2=\omega+\alpha\varepsilon_{t-1}^2+\gamma\varepsilon_{t-1}^2 I_{t-1}+\beta\sigma_{t-1}^2 \qquad \text{公式(5.6)}$$

以考察我国政策性银行商业化改革后市场风险是否有所增加。

5.3.3　政策性银行转型对金融债券市场风险影响的实证分析

（1）数据来源与描述性统计

为了研究市场化转型对政策性银行金融债券市场风险的影响，本节选取 2000 年 1 月 2 日至 2012 年 12 月 31 日国开行 1 年期、3 年期、5 年期、10 年期、20 年期和 30 年期的共 2890 个交易日的政策性银行金融债券即期收益率交易数据进行分析，资料来源于 Wind 数

据库。对其收益率序列的描述性统计显示，JB 统计量的结果在 1%的置信水平下显著拒绝了正态分布的原假设，此外，峰度和偏度的数值也表明政策性银行金融债券即期收益率序列不服从正态分布假设。Ljung－Box 的 Q 统计量表面存在明显的自相关，Ljung－Box 的 Q^2 统计量的建议表面序列均存在明显的异方差性，即存在波动时变性与聚集效应；ADF 检验表明结果政策性银行金融债券即期收益率是平稳的，不存在单位根。

（2）市场化改革对政策性银行金融债券风险的影响分析

截至 2008 年末，国开行已基本完成了股份制改革，据此，构建政策性银行转型的虚拟变量 DV：

$$DV = \begin{cases} 0 & 2008\text{ 年 }12\text{ 月 }31\text{ 日之前(含当天)} \\ 1 & 2009\text{ 年 }1\text{ 月 }1\text{ 日之后(含当天)} \end{cases}$$

ADF 检验表明 1 年期、3 年期、5 年期、10 年期、20 年期和 30 年期金融债券的收益率是平稳的，我们建立 ARMA（m，n）－GARCH（p，q）对之进行刻画。在选取均值方程的滞后阶数 m 和 n 时，依据原则：在模型可以“捕捉”自相关性的基础上，选取对数似然尽可能大，而 AIC 尽可能小的滞后阶数，经过比较选定 p＝1，q＝1，故对收益率水平变化率的均值方程建立 ARMA（1，1）模型。此外，我们试探性的对方差方程建立 TGARCH（1，1）模型，对残差检验表明经 ARMA（1，1）～TGARCH（1，1）拟合后，残差不再具有自相关性和异方差性，模型如公式（5.7）所示：

$$\begin{cases} r_t = c + ar_{t-1} + be_{t-1} + e_t \\ e_t = \sigma_t \varepsilon_t \\ \sigma_t^2 = \omega + \alpha e_{t-1}^2 + \gamma e_{t-1}^2 I_{t-1} + \beta \sigma_{t-1}^2 + \lambda DV, \end{cases} \qquad \text{公式(5.7)}$$

这里假设标准化残差序列 ε_t 服从 t 分布假设，模型估计与诊断性检验见表 5－8。

表 5-8　1 年期金融债券收益率的 ARMA（1，1）-TGARCH（1，1）估计

均值方程				方差方程			
项目	系数	T 值	p 值	项目	系数	T 值	p 值
c	0.0013	1.0545	0.2920	ω	0.9847***	5.2589	0.0000
a	-0.0312	-1.0731	0.2834	α	0.3607***	2.8121	0.0068
b	-0.9372***	-89.06	0.0000	β	0.1982*	1.9974	0.0611
				γ	0.1924***	3.1475	0.0016
				λ	0.3473**	2.3590	0.0184
对数似然值　-1788.254 Q（ε_{DL}）3.582　（0.7073）				AIC　327.510 Q^2（ε_{DL}）5.396　（0.8131）			

注：AIC（Akaike Information Criterion）是赤池信息准则；$Q(\cdot)$ 和 $Q^2(\cdot)$ 分别是模型标准化残差和标准化残差平方的滞后 12 阶的 Ljung-Box 统计量，分别用来检验残差项是否存在序列相关和异方差。

表 5-9　3 年期金融债券收益率的 ARMA（1，1）-TGARCH（1，1）估计

均值方程				方差方程			
项目	系数	T 值	p 值	项目	系数	T 值	p 值
c	0.0026*	1.6435	0.0820	ω	0.9217***	3.9159	0.0000
a	-0.0125	-1.232	0.1634	α	0.2977***	1.4691	0.0011
b	-0.9017***	-49.66	0.0000	β	0.1352*	1.8544	0.0617
				γ	0.1294***	2.8045	0.0022
				λ	0.2843**	2.016	0.019
对数似然值　-1684.597 Q（ε_{DL}）5.892　（0.8973）				AIC　269.109 Q^2（ε_{DL}）5.963　（0.7819）			

表 5-10　5 年期金融债券收益率的 ARMA（1，1）-TGARCH（1，1）估计

均值方程				方差方程			
项目	系数	T 值	p 值	项目	系数	T 值	p 值
c	0.0042	1.3153	0.2091	ω	1.3754***	3.6314	0.0010
a	-0.0328	-0.7967	0.6834	α	0.5992***	3.1576	0.0028
b	-0.9513***	-136.784	0.0000	β	0.4369*	2.3429	0.0411
				γ	0.4311***	3.493	0.0010
				λ	0.3586**	2.7045	0.0089
对数似然值　-1868.235 Q（ε_{DL}）　7.365　（0.7903）				AIC　868.514 Q^2（ε_{DL}）6.839　（0.7681）			

表 5－11　10 年期金融债券收益率的 ARMA（1，1）－TGARCH（1，1）估计

均值方程				方差方程			
项目	系数	T 值	p 值	项目	系数	T 值	p 值
c	0.1641	1.1422	0.3987	ω	1.3754***	3.4972	0.0010
a	0.1271	－0.9698	0.4334	α	0.5994***	3.0234	0.0018
b	－0.7914***	－115.957	0.0000	β	0.4396*	2.2087	0.0591
				γ	0.3422***	3.3588	0.0012
				λ	0.3873**	2.5703	0.0284
对数似然值　－1760.5874 Q（ε_{DL}）5.585　（0.6738）				AIC　348.187 Q^2（ε_{DL}）7.398　（0.6412）			

表 5－12　20 年期金融债券收益率的 ARMA（1，1）－TGARCH（1，1）估计

均值方程				方差方程			
项目	系数	T 值	p 值	项目	系数	T 值	p 值
c	0.0018	1.0389	0.2990	ω	1.1367***	3.2859	0.0010
a	－0.0352	－1.0731	0.2834	α	0.3607***	2.8121	0.0068
b	－0.9537***	－137.06	0.0000	β	0.1982*	1.9974	0.0611
				γ	0.1924***	3.1475	0.0016
				λ	0.3473**	2.3590	0.0184
对数似然值　－1720.925 Q（ε_{DL}）　7.758　（0.8037）				AIC　357.851 Q^2（ε_{DL}）　9.839　（0.6301）			

表 5－13　30 年期金融债券收益率的 ARMA（1，1）－TGARCH（1，1）估计

均值方程				方差方程			
项目	系数	T 值	p 值	项目	系数	T 值	p 值
c	0.1353	0.6624	0.5983	ω	1.2712***	3.1721	0.0000
a	0.0983	－1.4496	0.1821	α	0.4952***	2.6983	0.0046
b	－0.8202***	－87.7863	0.0000	β	0.3327*	1.8836	0.0511
				γ	0.3269***	3.0337	0.0010
				λ	0.4818**	2.2452	0.0142
对数似然值　－1871.13 Q（ε_{DL}）5.487　（0.6175）				AIC　298.814 Q^2（ε_{DL}）4.838　（0.4334）			

由表 5－8 至表 5－13 的估计结果可知，模型条件方差方程的拟合估计系数均显著，且满足平稳性条件，各个期限的政策性银行金融债券收益率均存在显著的杠杆效应，虚拟变量 DV 的系数 λ 显著为负，说明在政策性银行转型以后市场风险显著增加。为了进一步分析市场化改革对政策性银行市场风险的影响，我们以 1 年期政策性银行金融债券收益率为例，分别对两个阶段建模，方差方程如公式（5.6）所示，模型估计与诊断性检验结果如表 5－14 所示：

表 5－14　“政策主导”与“市场主导”1 年期债券收益率建模估计

均值方程	“政策主导”		“市场主导”		方差方程	“政策主导”		“市场主导”	
项目	系数	p 值	系数	p 值	项目	系数	p 值	系数	p 值
c	0.001	0.423	－0.002	0.750	ω	0.924**	0.017	0.833***	0.000
a	－0.016	0.619	－0.048	0.588	α	0.024	0.353	0.069	0.192
b	－0.958***	0.000	－0.942***	0.000	β	0.274	0.338	0.267**	0.026
					γ	0.100*	0.078	1.043**	0.019
AIC	4543.734		307.0318		对数似然值	－2264.867		－146.516	
Q（ε_{DL}）	7.135（0.848）		8.551（0.741）		Q^2（ε_{DL}）	7.513（0.822）		13.7（0.320）	

通过对比研究，我们发现国开行商业化改革后，其方差方程中的各项系数发生了明显的变化，这表明收益率的波动结构产生了显著的影响。

1. 与“政策主导”相比，“市场主导”下条件方差的 ARCH 项系数 α 增大，同时 GARCH 项系数 β 减小。由模型结构可知，系数 α 衡量了上一期的波动性信息对即期波动性的影响，称为“信息系数”；系数 β 衡量了 $t-1$ 期之前的各期波动冲击对即期波动性的影响，称为“持续性系数”，信息系数上升的同时持续性系数下降，表明在“市场主导”的收益率的波动结构中，最新信息对即期市场风险的影响权重增大，而旧有信息对市场风险的影响减小。信息冲击影响的持续性下降表明，市场化改革后收益率对于信息的吸收速度加快，市场效率进一步提高。

2. 在金融债券收益率的波动结构中，一直存在着显著的“杠杆效应”，对利空消息的反应较之于“利好”消息反应强烈。市场化改革后，条件方差方程的杠杆效应系数 γ 增大，且显著性有所提高。这表明，政策性银行转型以后市场对负面消息的反应更为强烈，这也表明政策性银行金融债券市场的透明度增加了。

第 6 章　政策性银行金融债券的流动性与流动性风险研究

6.1　债券市场的流动性

金融市场流动性反映了资产的变现能力，债券市场的流动性是衡量债券市场运行质量的重要标准之一。流动性水平的提高，既可以有效降低发行主体的筹资成本（流动性水平高的债券，投资者要求的回报率较低）和风险，又可以规范金融机构资产运作模式，促进金融市场的发展与完善，提高债券市场流动性是金融市场管理中的重要内容。然而，资本市场的流动性不是一成不变的，正常情况下流动性水平足以维持市场平稳运行，然而流动性的波动，即流动性风险对投资者的交易和市场稳定有重要影响。

6.1.1　流动性的含义

因为流动性指标的重要性和多重性，不同的学者从多方面分析了流动性的含义。Tobin（1958）指出流动性较好的证券通常能够及时地、低成本地完成一笔交易。Black（1971）认为市场流动性具有如下三个特征：市场中对于小笔的股票交易总有买价和卖价且这种买卖价差较小；在较长时间内可以完成大量的股票交易且不会对交易价格造成太大冲击；对于大额交易存在一定的折价或溢价，但是交易可以迅速完成，而折价或溢价程度依赖于交易规模。Kyle（1985）指出，买卖价差是衡量市场流动性的最重要指标，买卖价差越小，表示完成一笔交易的成本越小，市场流动性越好。Grossman和Miler（1988）通过在当前报价下成交一笔交易的时间来衡量市场的流动性，即用“交易的及时性”来评估流动性。国际清算银行BIS（1999）这样定义流动性，市场中交易者能够迅速进行大笔金融交易，而不会对资产价格形成过度冲击，造成价格发生显著波动，即用“弹性”来评估流动性。

根据上述学者的观点，我们从微观层面将流动性概括为：对于单个投资者而言，他持有的证券可以在当前价格下迅速变现，即交易成本小（价格偏离实际价值的程度），且交易及时；对于市场整体而言，在某一价格水平下，短时间内可以进行大笔的交易，且这种交易对证券的市场价格产生的影响较小，即使大额交易对当前的市场价格形成了冲击，这种冲击也会尽快消失，市场价格会很快恢复到证券的真实价值。

Kyle（1985）、Harris（1990）等结合西方国家的做市商制度基于报价驱动机制提出了流动性四维理论，即流动性可以由市场宽度、市场深度、市场影响力和市场弹性四个指标度量：

（1）市场宽度。市场宽度是买卖双方的交易价格偏离市场价格的幅度，卖方通常以低于当前公允价值的价格卖出资产，买方可以以高于当前真实价值的成交价格买入证券，以此来衡量证券交易过程中的交易成本。买卖价差是衡量市场宽度的常用指标，它反映了流动性提供者要求的补偿以弥补其交易成本和风险。O'Hara和Oldfield（1986），Harris（1990），Flood（1991），Chordia（2000），Hasbrouck和Seppi（2001）等学者对市场宽度或价差进行了研究。

（2）市场深度。交易量指标是衡量市场深度的主要方法，通常用特定价格上可完成的交易金额或一定时间段内总的成交金额进行测度。它反映了交易的活跃程度。Grossman 和 Miller（1988）采用一定时间内成交金额的方法来衡量市场流动性，特定价位上成交金额越大，深度越大，市场流动性越好。Harris（1990）指出，除了考虑最明显的交易成本外，还要分析市场深度，即在当前价格不变或微小改变的情况下可完成的交易量。在当前价格下投资者可以交易的证券量越大，深度越大。Engle 和 Lange（2001）提出了一种动态模型用于预测市场深度。另外，换手率（以交易量除以总流通股数）也常被视为基于交易量的流动性测度方法，换手率越大，表示投资者持有证券的时间越短，流动性越好。

（3）市场影响力，即交易对价格的影响程度。选取价格变化作为模型中的被解释变量，固定时间间隔内的净成交量（买方发起的交易量 - 卖方发起的交易量）作为解释变量进行回归分析，用其回归系数来度量流动性。系数的绝对值越大表示交易量对价格的冲击越大，市场流动性就越差。

（4）市场弹性，指从交易价格变化至恢复到均衡价格所需的时间，它是价格变化的时间指标，反映了交易价格恢复的速度和能力或交易量不平衡调整的速度。弹性可以用交易发生前后买（卖）方报价变化的比率除以交易引起的买卖价差恢复所需时间的值来衡量。在股票的基本价值未发生改变的情况下，价格围绕基本价值随机波动，价格偏离基本价值后返回的速度越快，市场弹性就越好。

下面用简单的关系示意图对于市场流动性的四个方面进行描述：

在实证分析中，也常常采用交易活跃程度来度量流动性，因为该指标被认为是最易获得的替代指标，交易活跃程度指标如表 6 - 1 所示。

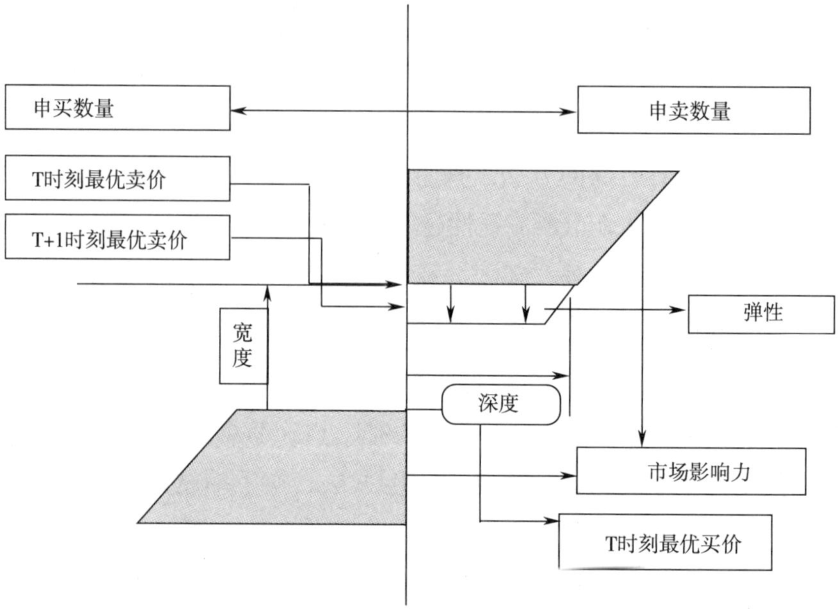

图 6－1　市场流动性的四个维度间的关系图

表 6－1　　交易活跃程度度量指标

指标	变量描述
交易量	交易期内债券的成交数量
交易金额	交易期内债券的成交金额
换手率	某种债券的交易额与在外净流通适量之比
交易次数	交易期内所有成交的交易的总笔数
平均交易量	交易量与交易次数的比值

6.1.2　政策性银行金融债券流动性的影响因素分析

基于流动性的内涵分析，本书进一步阐述了影响政策性银行金融债券流动性的几个主要因素。

（一）制度性因素

1. 交易场所

金融资产的交易场所包括场内交易和场外市场。通常场内交易的流动性高于场外交易的流动性。在场内的交易过程中，信息是充分并自由传播的，交易者可以以较低成本获得有用信息，有很强的价格发现功能，交易双方按照既定的交易规则，集中交易，市场交易的活跃程度很高；而在场外市场的交易过程中，做市商是交易指令信息的垄断者，信息获取成本较高，市场效率低下，交易不活跃，流动性水平也较低。

政策性银行金融债券属于银行间债券市场，它们在上交所和深交所以外的交易场所进行，属于场外交易，缺乏固定且集中的交易场所，具有经营资格的投资机构作为交易中介，市场参与者通过这些中介分别进行报价交易，交易的方式主要包括电话、电报、传真和计算机网络等电子渠道。

2. 交易机制

基于不同类型的交易场所，证券市场中的交易机制主要包括“报价驱动”和“指令驱动”两种形式。其中，在做市商制度下，通常采用报价驱动交易机制，且多用于在场外交易市场，目前，西方国家通常采用这种制度。在做市商制度下，为保证市场交易的连贯性，做市商就负责提供流动性，交易中的买卖价差便是做市商要求的回报。做市商起到了价格发现、提供流动性、保证交易连续性和稳定市场价格的功能。我国证券市场采用“报价驱动”的交易机制，市场中的买方和卖方在指令簿上输入交易指令，按照价格优先、时间优先的顺序等待成交。指令簿上的限价指令为市场提供流动性，而市价指令则消耗市场中的流动性，在指令驱动的市场中，任何交易者都不对维持交易负责任，价格反映了买卖的供求等交易信息。由于缺乏专业的流动性提供者，受交易的活跃程度影响，市场流动性水平波动程度很高且具有很大的差异性。

3. 竞争制度

在报价驱动的市场中，做市商通过双向报价机制不间断地为市场提供即时性服务，提高了流动性水平。同时，这种交易制度还保证了大宗交易能在短时间内迅速完成，且不会对市场价格造成大幅度的冲击，从而提高了市场的深度和交易的即时性。而在指令驱动的市场中，可能出现场中缺乏相应的买方或卖方导致大笔交易难以进行，呈现“涨停”或“跌停”的现象。目前，我国大宗交易也是在场外进行，降低了交易成本、节约了交易时间，避免了引起市场堵塞，使其他投资者无法进行交易的现象。

（二）交易成本

显性的交易成本包括手续费和交易税等；而隐性的交易成本更为重要，主要包括交易价格偏离均衡价格的幅度，无法在有利价格上成交的机会成本，而在不利价格上又不得不交易所形成的损失等。

在做市商制度下，如果市场状况不利于做市商，做市商通过扩大买卖报价来维护自身利益，此时买卖报价的价差大于交易成本（价差增加），且在所报价格水平上的买入和卖出数量下降（市场深度降低）。因此，交易成本上升会降低市场的流动性；而在指令驱动市场中，显性交易成本，如交易税增加，会降低投资者短期交易的积极性，成交量减少，市场流动性水平也随之降低。交易成本的高低会影响市场的流动性水平。

（三）市场信息透明度

O’Hara（1997）市场微观结构理论中指出，市场透明度是市场参与者在交易过程中获取信息的能力。这些“信息”包括：公共信息和私有信息。其中所有市场参与者都可以得到的交易信息是公共信息，而只有部分市场参与者才可以得到的信息是私有信息，如上市公司的内部信息、做市商掌握的交易信息、顾客的行为信息等。

市场信息透明度降低，通常会导致两种结果：首先，由于“知情交易者”掌握了更多的内部信息，他们会获得较“非知情交易者”更高的收益，信息是有价值的；其次，市场中的理性交易者会推迟交易，以便从市场中其他交易者的行为中推测出更多的有用信息，制订最优的交易决策。

（四）交易品种

1. 相互替代性

在收益率和风险相差不大时，各交易品种间的替代性越强，市场的分割程度越小。可替代交易品种的越多，越能满足各类投资者的交易需求，市场交易活跃程度越高，流动性水平也越高。

2. 交易品种的发行规模

理论上认为证券的发行规模与流动性呈正相关关系：发行规模越大，成交量越大，买卖价差越小，市场的流动性水平就越高。

3. 债券品种的期限

不同期限的金融债券不仅满足了市场参与者的需求，也改变投资者对期限金融债券的投资意愿，进而影响了债券市场的流动性水平。债券的期限结构对市场流动性有多重影响：（1）如果债券的期限结构品种太少而不能满足投资者的需求，参与者就会要求额外的收益作为补偿，这将增加发行主体的发行成本；（2）在总融资金额固定的情况下，增加发行债券的期限种类，就会使得单个品种的总融资金额相应减少，进而受存量限制影响该品种的交易活跃度，降低市场整体的流动性水平。

（五）与市场参与者有关的因素

1. 交易者行为对市场流动性的影响

Muranaga 和 Shimizu（1999）指出，交易者行为会影响市场的流动性水平。（1）债券投资者的时间偏好。市场中短期投资者（根据债券价格的短期波动来制订投资策略）越多，市场的交易量总额就越大，市场的流动性就越好。（2）投资者的风险厌恶程度。交易者的风险厌恶程度越高，短期性的交易就越少，无论从市场交易总量，还是从累计的交易数量来看，市场流动性都会降低。（3）投资者对未来的信心。交易者未来的投资预期降低，即信心指数（以资产收益均值的标准差之和的倒数来衡量）下降，市场的交易总量和累计的交易指令总量也都会显著下降，市场整体的流动性骤减。（4）投资者对市场信息的敏感度。如果交易者对市场信息的敏感度下降，则市场交易量总额会下降，但投资者的延迟交易指令数却大幅增加，市场总体流动性会降低。

2. 交易者类型影响流动性水平

市场中参与者类型的差异程度越大，流动性水平就越高。行为资产定价模型中将投资者分为信息交易者和噪音交易者。由于无法获得内部信息，噪音交易者非理性地把噪音当做信息进行交易，为市场提供了流动性。由于自身立场及信息获取能力的差别，对资产进行估值或定价时，不同类型的交易者容易形成差异。参与者类型越多，在估值或定价方面的差异就越大，从而越有利于达成交易，交易量越大，市场的流动性水平就越高。

Gravelle（1989）指出境外投资者参与会提高市场的流动性水平，主要是由于境外投资者的资产需求、对信息的响应能力、风险偏好等与本土投资者存在差异，从而使得他们对资产的估值或定价方面产生偏差，市场中的买方（卖方）更加容易找到交易对手，进一步促成交易。

在指令驱动市场中，投资者的差异越大，市场中的买卖指令就越多，交易就越活跃，流动性越好；而在做市商制度下，做市商通过连续操作保证了市场的流动性，但如果缺乏异质性投资者，做市商就会面临“单向交易”的需求，容易产生流动性危机。正常情况下，不同的投资者有不同的资产组合策略，做市商通过撮合市场中的买方和卖方完成交易，这在一定程度上激励了做市商，活跃了其“做市”行为，市场整体的流动性得到增加。

（六）宏观因素

1. 货币政策对债券流动性的影响

积极的货币政策会增加债券的流动性，紧缩的货币政策会降低债券市场的流动性水平。降息使得固定收益类资产的收益率下降，而债券的价格上涨，市场参与者的积极性提高，随着债券需求的增加，市场的流动性也会随之增强，反之加息会使收益率上升，债券价格下跌，需求减少的情况下交易量也会萎缩，市场流动性降低；再比如中央银行决定上调存款准备金率，各商业银行需要增加存款准备金，市场资金状况紧张，投资资金短缺降低了投资者对债券类资产的需求，市场的流动性水平随之下降，准备金增缴后这种情况会有所缓解；而降低存款准备金率会增加市场的投资资金，债券产品的需求也相应增加，交易活跃，市场整体的流动性增加。

2. 股票市场的资金分流作用

Chordia（2003）等在研究股票市场和债券市场之间关系的时候，发现两个市场的流动性水平间存在长期的均衡关系，资金存在跨市场转移现象，一个市场的流动性上升会伴随着另一个市场流动性的下降，是一种“跷跷板”效应，因此可以通过一个市场流动性水平的变化预测出另一个市场流动性水平的变化情况。美林投资也推荐该结论，在经济复苏的时候，建议投资股票市场而放弃债券市场，经济低迷的时候则建议投资债券市场而放弃股票市场，其投资理念反映出两个市场存在着一定的替代性。Rusel 和 Goyenko（2005）指出，两个市场流动性水平之间存在 Granger 因果关系，即一个市场的流动性的变化是另一个市场流动性水平变化的 Granger 原因。曾志坚

(2006)、王茵田（2011）研究发现，我国股票市场与债券市场的流动性水平间存在长期稳定的协整关系。当宏观经济向好，货币政策宽松时，股票价格攀升，收益率增加，股票受到投资者追捧，大量资金涌入股市，交易量增加，股票市场流动性水平提高，而受资金分流作用，债券市场交易量减少，流动性水平降低。反之，宏观经济条件不利的情况下，作为宏观经济的“晴雨表”，股票市场价格降低，收益降低，风险增加，资金会转向债券市场，债券市场流动性提高，股票市场的流动性降低。王茵田（2011）指出市场间的流动性水平还存在领先滞后的相关关系。

3. 债市景气度

通常认为债市的景气程度可以提高市场的流动性，我们以2004 ~2009 年现券市场规模（现券成交金额与 GDP 的比值）作为债市表现的度量指标，流动性采用换手率来衡量，等于债券现货累计交易量与该债券本期期末存量的比值，根据图 6－2 可知，市场换手率与债市景气程度正相关，相关系数为 0.57。债市行情上涨，市场流动性增强；行情下跌，市场流动性减弱。

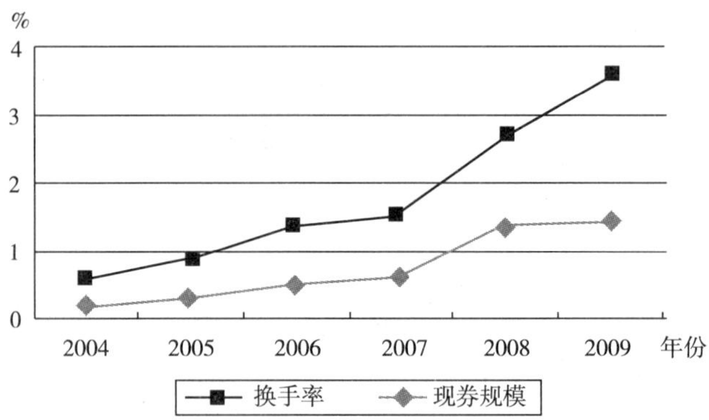

资料来源：中国债券信息网。

图 6－2 市场表现与流动性的关系

6.2　金融债券流动性的测量方法

根据上一节对债券流动性的定义和影响因素的阐述，本节内容总结了流动性的衡量方法，目前对流动性的测量较广泛使用的方法可以概括为四种：价格法、交易量法、价量结合法和时间法，下面对各种测量方法进行概述。

6.2.1　价格法

价格法从交易成本的角度衡量流动性，价格法又包括了众多模型和指标，如自相关模型、价差指标、方差比率、价格改善指标等，一般情况比较常用的两种是价差指标和价格改善指标。

（一）价差指标

价差指标最基本的是买卖报价差，含义是价格中的订单执行成本，用同一时点市场上最高买价和最低卖价的差额来表示，这也是最直接的衡量指标，在买卖价差的基础上又衍化出另外四种价差。

（1）绝对价差，含义是成交价格与成交后市场上重新形成的买卖报价中值之间的差异，表示交易达成并执行后的外部成本（Amihud 和 Mendelson，1989）。

（2）有效价差：该指标主要衡量的是交易成本中的执行成本，通常采用订单平均成本减去订单到达时买卖价差中值来计算（Hasbrouck 和 Seppi，2000）。

（3）定位价差：定位价差用实现的价差和有效价差的差额来表示，如果有一部分市场参与者拥有信息优势，这部分投资者将会从执行后的市场价格的变化中获益，其实现的价差就会低于订单的执行成本。

（4）对数价差：Harris（1990）提出的以每笔交易中的最优卖价和买价的比值，再取对数来衡量，这种将报价价差的对数化处理，是对报价价差有一定偏度的纠正，Hasbrouck（1993）在此基础上提出了报价斜率的衡量方法，报价斜率同时考虑了价格和交易量（Q）的信息，如图6－3所示，报价斜率即为每笔交易中的卖价和买价两点价格的斜率，买卖报价越接近，交易的数量越多，P_A 和 P_B 的连线越接近，流动性就越好。

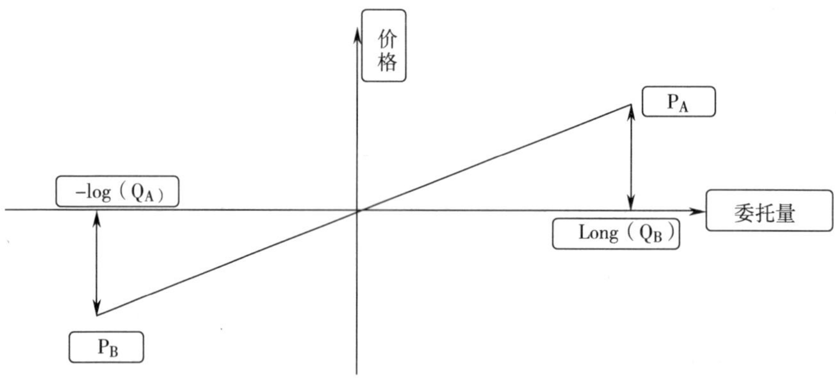

图6－3　买卖报价斜率示意图

买卖价差是度量流动性的一个简单而通用的指标，但是该指标只适用于在一段时间内的小额交易。做市商承诺的做市数量仅限于报价规模，当交易量大于当前买卖报价的规模时，交易不能按照当前报价成交，需借助于一对一询价的方式完成交易。

（二）价格改善指标

价格改善指标又分为价格改善比率和溢价比率，价格改善比率的考察对象是在非买卖报价范围内成交的订单，衡量的是该类订单在总成交量中的比例；溢价比率，该指标考察的对象与价格改善比率相同，衡量的是价格变动的绝对值或幅度，用买卖报价差与有效价差的差额来计算。

6.2.2　交易量法

交易量法一般选取做市商的报价规模，已经实现的交易规模、交易量、换手率或成交率来衡量，交易规模越大，交易越活跃，投资者越容易达成交易，流动性就越强。

（1）报价规模。在做市商制度下，报价规模是在当前报价下做市商愿意和有能力进行交易的数量，它衡量了潜在的交易量，代表了市场的深度，但是报价规模通常小于做市商能够交易的证券数量，因此该指标会低估市场的深度。

（2）成交深度。指在市场上最优买价和最优卖价形成的成交量，在这个价位上交易的规模越大则说明市场的流动性越好，计算方法为：$D = (q1 + q2)/2$，其中 $q1$ 是最优买价上的订单数量，$q2$ 是最优卖价上的订单数量，或者采用 $D = (q1 * p1 + q2 * p2)$，q 的含义与上式相同，$p1$ 为买进价格，$p2$ 为卖出价格。

（3）换手率。Kamara（1994）用某个债券品种的交易额与该品种在外净流通数量之比来计算换手率，它衡量了债券的持有时间，通常在实证研究中采用交易量与流通量的比值或交易金额与总流通市值的比值来衡量，换手率越高说明债券的持有时间越短，市场的流动性越高。

（4）成交率。成交率可用成交的订单与整个订单量的比值来衡量，该指标适用于大额订单的情形。

6.2.3 价量结合法

实践证明，对于不成熟的市场，价格影响系数的方法是更稳健的衡量流动性的方法。它是由 Amihud 在 2002 年提出来的，被定义为证券价格变化对交易量变化的导数，在实际的计算过程中，某只证券的价格影响系数通常是对该证券的价格变动和变量交易量变动组成的时间序列回归而得，根据交易量的不同表达方式，派生出三种不同的方法：

（1）价格变动对交易量的回归

回归式为：$\Delta P = \alpha + \beta V_f + \varepsilon_f$，其中 ΔP 表示一笔交易的价格变化，V_f 为交易量（若买方变动，V_f 等于买方变动量的对数；若卖方变动，V_f 等于卖方变动量对数的负数），ε_f 是随机误差项，β 为价格影响系数。

（2）价格绝对量变动对绝对交易量的影响

与上式相同，只是 P_t 改为单笔交易的绝对价格变动，V_t 表示绝对交易量（不包括方向）。其中价格的变化分别用以下三种方式来测量：一是价格变动相对于有效买卖价中值的变化，二是相对于上一笔交易的价格变化，三是分别衡量相对于买价、卖价的价格变化，即 $\Delta P_t = P_t - ask_t$（如果买方变动）；$\Delta P_t = P_t - bid_t$（如果卖方变动）。

（3）日价格变动对日成交量的回归

该方法的公式为：$\Delta P_t = \alpha + \beta V_t + \varepsilon_t$，其中 ΔP_t 表示当日收盘价与前日收盘价的差额，V_t 表示当日总交易量，可进一步分为交易笔数和交易金额，其他字母含义同上。

6.2.4 时间法

时间法是 Lassak（1991）从市场弹性的角度来衡量流动性，用现在的最优价格与交易完成后紧接的下一个最优报价的差值来衡量，即连续两次订单的价格之差，这两个指标的数值越小，说明市场的弹性越好。另一种是针对交易的时间成本提出来的，包括交易频率和交易的执行时间，交易频率指交易在单位时间内发生的次数，交易的执行时间指的是从订单开始到执行的耗时。以 $t_{untrade}$ 表示未交易的时间间隔，以 Δt_n 表示第 n 次交易与第 $n-1$ 交易之间的时间间隔，以 N 表示总的交易次数，则未交易的时间间隔可以表示为

$$t_{untrade} = \sum_{n=2}^{N} \Delta t_n / N \qquad \text{公式(6.1)}$$

6.3　政策性银行金融债券流动性的实证分析

6.3.1　我国政策性银行金融债券流动性指标的选取

为了准确地测量我国政策性银行金融债券的流动性水平，本书使用聚类分析的方法，首选根据先前的研究，尽可能多地选择衡量流动性的指标作为备选，然后采用聚类分析，对这些指标降维，选取最具有代表性的指标作为衡量流动性的代理变量。本书采用基于最短距离法的系统聚类法进行降维处理。

（一）最短距离法

最短距离法定义类 G_i 与 G_j 之间的距离为两类间最邻近的两类变量的距离，即 $D_{ij} = \min\limits_{x_i \in G_j, x_j \in G_j} d_{ij}$。

设类 G_p 与 G_q 合并成一个新类记为 G_r，则任一类 G_k 与 G_r 的距离是

$$D_{kr} = \min_{x_i \in G_j, x_j \in G_j} d_{ij} = \min\left\{ \min_{x_i \in G_k, x_j \in G_p} d_{ij}, \min_{x_i \in G_k, x_j \in G_q} d_{ij} \right\}$$
$$= \min\{D_{kp}, D_{kq}\} \quad \text{公式(6.2)}$$

最短距离法的步骤如下：

（1）定义变量之间的距离，计算样本变量的两两距离，得一矩阵记为 D(0)，开始每个变量成一类，此时 $D_{ij} = d_{ij}$；

（2）找出 $D(0)$ 的非对角线最小元素，设为 D_{pq}，则将 G_p 和 G_q 合并成一个新类，记为 G_r，即 $G_r = \{G_p, G_q\}$；

（3）给出计算新类与其他类的距离公式：$D_{hr} = \min\{D_{kp}, D_{kq}\}$，将 $D(0)$ 中第 p、q 行及 p、q 列用上面公式并成一个新行新列，新行新列对应 G_r，所得到的矩阵记为 $D(1)$；

（4）对 $D(1)$ 重复上述对 $D(0)$ 的（2）、（3）两步得 D（2），如此下去直到所有的元素并成一类为止。

（二）聚类分析结果

聚类结果受所选择的变量的影响非常大，因此我们尽可能多地选取备选变量，包括以下 11 个：平均年报价天数（X1）、平均每笔交易数量（X2）、平均年交易总量（X3）、平均年换手率（X4）、平均年交易笔数（X5）、平均年报价笔数（X6）、平均买卖价差（X7）、现券规模（X8）、日均交易量（X9）、按年度分别对价格变动与交易量的回归和对价格绝对值变动对绝对交易量的回归，得到 2 个价格影响系数（X10、X11），（其中价格变化均采用第一种方法）。我们将样本分为 4 个聚类，表 6－2 是聚类分析的结果，通过表 6－2 可以看出，这些备选变量自然的区分为三类，体现了流动性的三个维度：和交易相关、和报价相关、和价格影响相关的维度。在每个分类中，年总交易量、日均交易量和平均买卖价差这 3 个变量所占的比重最大，因此选取这 3 个变量衡量流动性。

表 6－2　　流动性影响因素的聚类分析

变量	X1	X2	X3	X4	X5	X9
R2	0.58	0.21	0.95	0.95	0.88	0.79
聚类	聚类 1					
变量	X11	X10	X7	X6	X9	X8
R2	0.93	0.68	0.95	0.76	0.88	0.61
聚类	聚类 2			聚类 3		

6.3.2　我国政策性银行金融债券流动性分析

下面根据聚类分析产生的结果分别从年总交易量、日均报价和买卖价差三个方面对我国政策性银行金融债券的流动性的现状进行分析，因为考虑到其他文献中多采用换手率这一指标对债券的流动性进行衡量，所以本书也计算了政策性银行金融债券的换手率，作为共同考虑流动性的指标因素。

（一）现状分析

1. 成交规模

图 6－4 是对我国银行金融债券的成交量的统计，可以看出，我国政策性银行的金融债券成交量实现了巨大的飞跃。我国银行间债券市场现券交易增长曲线在 2000～2006 年几乎与横轴保持水平，交易规模增长速度非常缓慢，2006～2008 年达到了最快的增长速度，曲线最为陡峭，2009～2011 年实现了稳定的增长。这反映出我国银行间债券市场的流动性总体上在不断提高，但增长速度并不均衡，2006 年以前增长缓慢，近年来实现了较大的飞跃。

2. 现券日均交易量

政策性银行金融债券的现券日均交易量通过现券日均交易笔数和现券日均成交金额两方面来衡量，通过图 6－5 可以看出：从增长

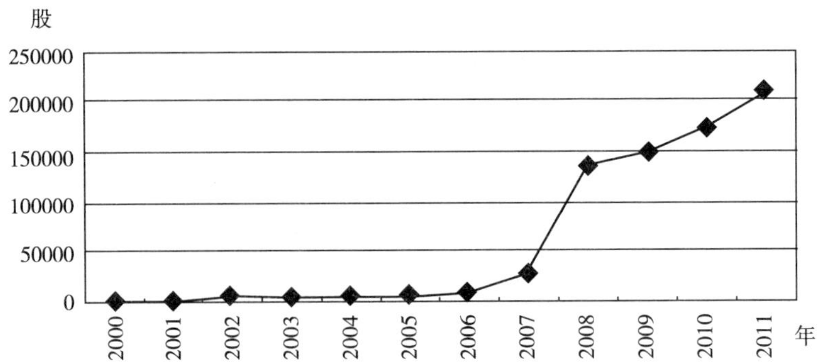

图 6－4　2000～2011 年我国政策性银行金融债券的成交量

速度上来看，2000～2003 年交易量的增长速度都非常低，从 2004 年开始，两条曲线都有向上扬的趋势，从 2006 年开始交易笔数和交易金额呈快速增长的趋势，尤其是成交笔数的增长速度还要快于成交金额的增长速度。总体上，我国政策性银行的金融债券的流动性随现券交易的活跃程度而不断提高，尤其是 2006 年之后该现象非常明显。

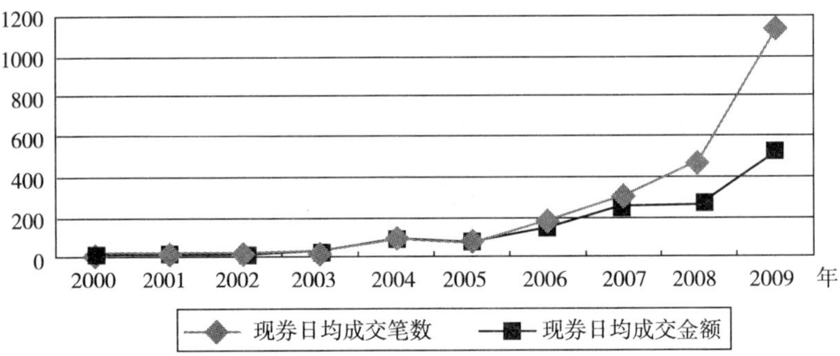

图 6－5　2000～2009 年我国政策性银行金融债券的现券日交易量

3. 买卖价差

通过分析 12 年来我国政策性银行金融债券的买卖价差也可以看出，政策性银行金融债券的流动性近几年来也呈现出较大的上升趋势：2002 年买卖价差的幅度虽然明显比 2001 年降低了，但 2003 年该幅度又上升了，而从 2004 年开始买卖价差进入了稳步的下降阶段，从 2004 年至 2011 年的 8 年间下降了 138%，年均下降 11.47%。

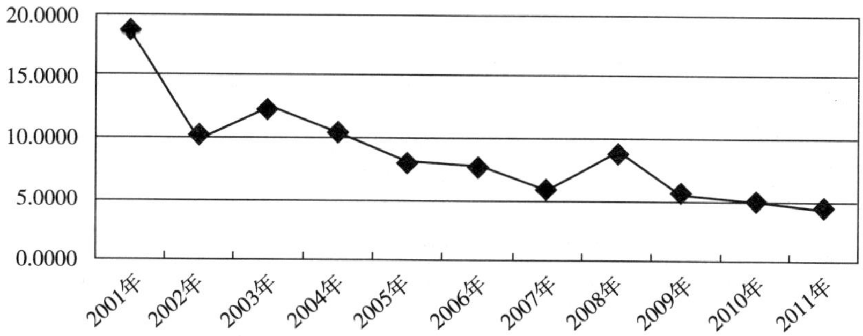

图 6－6　2001～2011 年我国政策性银行金融债券的买卖价差走势

4. 换手率

关于换手率的计算，基于数据的可得性，本书采用现券换手率等于现券成交金额与债券流通总市值的比值来计算。从图 6－7 可以看出：2004 年我国银行间债券市场现券换手率较低只有 0.5，2004～2007 年流动性水平缓慢增长，换手率从 0.4 上升至 1.5，2007～2008 年换手率加速增长，曲线最为陡峭、斜率最大，换手率增加至 2.6，增长率达到 73.3%；2009 年依然高速增长，至 2009 年底换手率达到 3.6，年增长率速度为 38.5%。综观政策性银行金融债券换手率的变化可以发现，2004～2007 年，换手率变化较小，年均增长 0.33，平均年增幅为 49.1%；2007～2009 年，换手率增长迅速，平均年增长 1，年均增幅为 54.6%。分析结果表明，在过去几年间政策性银行金融债券的流动性总体上在不断增加，特别是 2008 年以来高速增长。分析产生这种现象的原因，需要结合中国的宏观经济和股票市场的表现情况，2006 年中国股市改革，带动了新一轮的股市高涨，资金分流，债券市场收益率和流动性水平整体偏低。而 2008 年以后始于美国的次债危机在全球范围内蔓延，我国股市高台跳水，收益率骤减，系统性风险增加，大量投资资金转向债券市场，债券市场交易活跃，流动性水平增加。

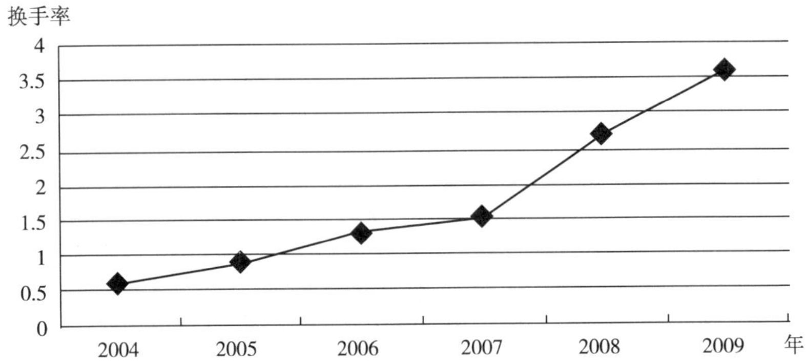

资料来源：WIND 资讯金融数据库。

图 6－7　我国政策性银行金融债券的流动性走势图

（二）政策金融债券流动性影响因素的实证分析

1. 自变量的选取

对于我国政策性银行金融债券的流动性的测量，此处借鉴时文朝（2008）价量结合法的改进方法来度量。由于银行间债券市场交易数据不同于股票市场数据，具有不连续特征，在计算流动性时，我们用第 t 笔交易来代替通常的 t 时刻的交易；在计算价差的时候我们用交易价格与发行价格之差的绝对值来表示，因为债券价格不管是向上偏离还是向下偏离，发行价格都会给市场中的交易者带来额外的风险和交易成本。金融债券的流动性计算如公式（6.3）所示：

$$L = \frac{\sum_{t=1}^{m}\sum_{i=1}^{n} Q_{it}}{\sum_{t=1}^{m}\sum_{i=1}^{n} |(P_{it} - V_{it})| Q_{it}} \qquad 公式(6.3)$$

公式（6.3）中，L 表示某一时间段内金融债券市场的总体流动性水平值，可以选月度或年度为时间段。设债券市场总体中共有 n

只金融债券，Q_{it} 表示债券 i 在第 t 笔交易的成交量，P_{it} 表示市场中债券 i 的发行价格，V_{it} 表示债券 i 在第 t 笔交易中的成交价格，m 表示在所选定时间段内债券 i 的总交易笔数，计算结果如图 6－8 所示：

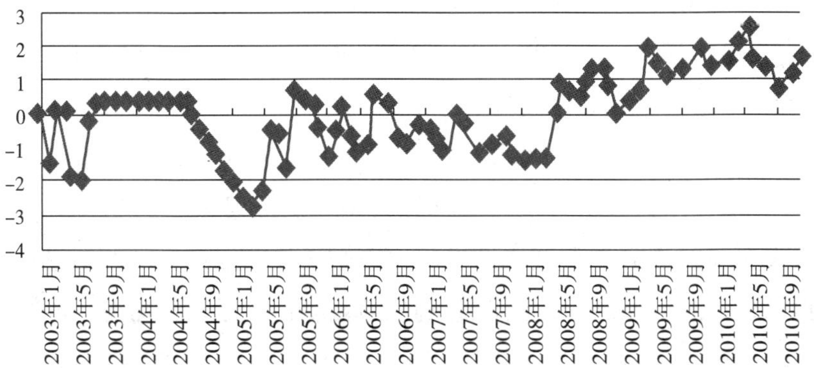

图 6－8　我国政策性银行金融债券的流动性曲线图（取对数后）

就整个时期而言，综合流动性总体呈现出平稳上升的态势。具体而言，2004 年 7 月以前，政策性银行间债券市场的流动性较为平稳，未出现明显的波动，进入 2004 年 9 月，债券市场的流动性开始持续下降，并持续近 1 年左右。从 2005 年 9 月开始，不仅流动性的波动性大大减小了，更呈现出平稳的上升趋势。通过该方法计算的流动性指标基本与前面三种反映流动性不同特征的指标的走势相近。从 2007 年以后，我国政策性银行的金融债券的流动性有了很大的改善。

2. 因变量的选取

Schwartz（1988）提出交易的活跃程度、风险、信息和竞争四个因素会影响证券的流动性，其中交易的活跃程度和竞争程度与证券的流动性负相关，信息、风险与流动性正相关。

（1）活跃程度。本书分别采用债券的交易笔数（*trade*）和平均每笔交易量（*atrade*）来度量债券的交易活跃程度，此时需要计算债券 i 在每个月内的总交易笔数和平均交易量，交易笔数和平均每笔交易量越大，说明交易越活跃、流动性越好。

（2）风险。这里用债券 i 在月度内的报价波动来刻画风险，即用价格的标准差来衡量风险。首先计算出债券 i 在买入报价和卖出报价的平均值，然后计算其标准差；标准差越大，说明债券价格波动越大，风险越大；若报价报出的买卖价差较小，交易成本就较低，市场流动性水平较高。

（3）信息。采用标准化每笔交易量（*natrade*）来衡量信息的重要性。通常知情交易者或信息优势交易者的交易策略与噪音交易者（非知情交易者）的策略也存在较大差别，他们凭借自己的信息优势进行交易，其交易规模往往明显高于或低于平均交易规模，成交价格较平均价格也会有较大幅度变化，从而显著影响报价价差和流动性水平；因此需要对每笔交易量进行标准化处理，类似于整体分布的标准化办法：计算所研究时段内的每笔交易的样本平均值及样本标准差，通过"（每笔交易量 - 样本均值）/ 样本标准差"就得到标准化交易量。

（4）债券自身的属性，例如票面利率、发行规模、到期期限等也会影响债券的流动性水平。理论上债券的票面利率越低、发行规模越大、剩余期限越短债券的流动性水平就越高，通常流动性水平与票面利率和剩余期限负相关与发行规模之间存在正相关关系。

为了考察债券流动性水平的影响因素，本书选取交易笔数、平均每笔交易量、波动率、标准化交易量、票面利率、发行规模和剩余期限 7 个因素作为解释变量，构建如下回归分析模型：

$$\begin{aligned} Liq_t = & \beta_0 + \beta_1 trade_{it} + \beta_2 atrade_{it} + \beta_3 risk_{it} + \beta_4 natrade_{it} \\ & + \beta_5 maturity_{it} + \beta_6 size_{it} + \beta_7 coupon_{it} + \varepsilon_{it} \end{aligned} \qquad \text{公式(6.4)}$$

公式（6.4）中，Liq 代表的是政策性银行金融债券的流动性水平，*trade* 为交易笔数，*atrade* 为平均每笔交易量，*risk* 代表价格波动率，*natrade* 为标准化的交易量，*coupon*、*maturity* 和 *size* 分别代表票面利率、剩余期限和发行规模，实证结果如表 6 – 3 所示：

表 6 – 3　　政策性银行金融债券流动性的影响因素分析

因变量	固定效应 1	随机效应 1	固定效应 2	随机效应 2
trade	0. 024 (2. 975) ***	0. 022 (2. 693) ***		
atrade			0. 036 (3. 688) ***	0. 039 (2. 677) ***
risk	–0. 029 (–2. 008) **	–0. 431 (–2. 241) **	–0. 031 (–7. 200) ***	–0. 029 (–6. 658) ***
natrade	0. 292 (0. 916)	0. 281 (0. 909)	0. 245 (0. 609)	–0. 134 (–1. 429)
coupon	–0. 011 (–3. 798) ***	–0. 052 (–1. 837) *	–0. 220 (–2. 606) ***	–0. 186 (–2. 004) **
maturity	–0. 328 (–3. 886) ***	–0. 287 (–3. 910) ***	–0. 005 (–1. 794) *	–0. 052 (–1. 837) *
size	0. 055 (2. 132) **	0. 005 (1. 565)	0. 017 (15. 594) ***	0. 579 (1. 781) *
常数项	0. 448 (8. 411) ***	0. 412 (7. 756) ***	0. 278 (4. 767) ***	0. 255 (3. 327) ***
R2	0. 392	0. 339	0. 531	0. 324

注：括号内的数字为 *t* 值，*** 表示在 1% 的显著性水平上显著，** 表示显著性水平为 5%，* 表示在 10% 的水平上显著。

通过表 6 – 3 的实证结果可以看出，债券的交易笔数、平均每笔交易量、风险、剩余期限和票面利率是影响我国政策性银行金融债券流动性的因素。其中票面利率、代表风险的波动率、剩余期限的回归系数为负，这与理论预期一致。票面利率越高，持有债券越有利，除可以得到较高利息外，还有一定的免税收益，投资者倾向于长时间持有票面利率高的金融债券，交易不活跃；而票面利率较低的债券，市场中的参与者通常会在市场上进行买卖以赚取资本利得，票面利率较低的债券交易相对活跃，价差较小，流动性水平较高。

债券价格波动越大表示风险越大，为了弥补可能带来的损失，做市商倾向于报出较大的价差，价差越高，流动性水平越低。到期期限影响债券的流动性，因为剩余期限越长，久期越长，债券价格越容易受利率波动的影响，风险程度较高（正如前面所分析，风险越高，流动性水平越低）；而即将到期的债券往往交易活跃，交易规模和交易笔数都很大，流动性较好，这正是债券的期限效应。

通过表 6-3 的实证结果还可以发现，反映交易活跃程度的交易笔数和平均每笔交易量的估计系数为正，这与理论预期一致。从可流通金融债券的交易主体来看，主要参与对象包括银行、证券公司、保险公司、信用社等。在银行间债券交易市场上，银行是债券买卖交易的主体，当然银行间交易债券的主要目的还包括改善资产负债表的结构。交易笔数越多表示参与对象越集中，越容易找到交易对手，流动性水平越高。平均每笔交易量越大，反映了市场交易越活跃，市场能够容纳的交易量越大，表示市场深度越大，流动性水平越高。

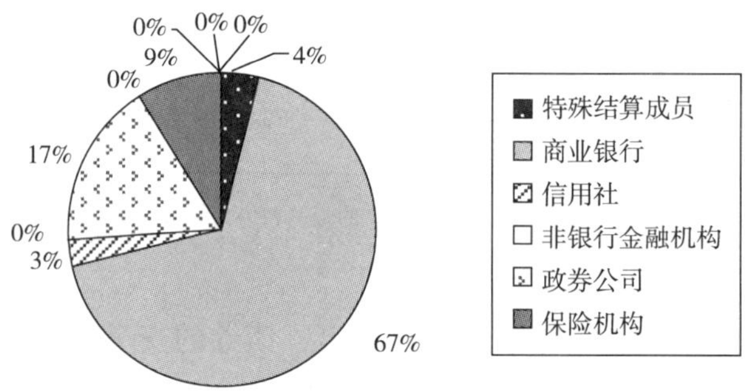

图 6-9　2012 年银行间市场现券交易的投资者分类（买入）

代表市场信息的标准化交易量的回归系数不显著，这说明在金融债券市场中信息对流动性影响作用不明显，两者不存在显著的因果关系。Kyle（1985）指出，随着市场中信息交易者（知情交易商）的增加，他们之间的竞争加剧，其信息垄断优势降低了，随着标准化交易量的增加，市场容纳信息交易者能力越大，市场信息的效率

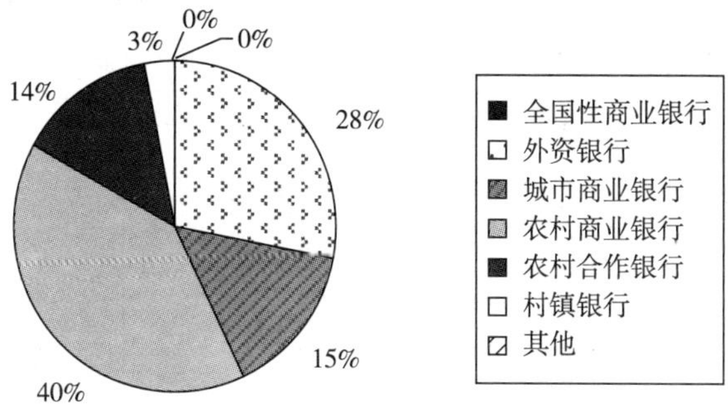

图 6-10　2012 年银行间市场现券交易的买入者——商业银行分类

越高；此外，市场中信息交易者越多，其信息对价格的影响力就越小，市场中买卖报价价差越小，流动性越高，当然交易的结果还依赖于市场中不知情交易商的交易策略。

6.4　政策性银行金融债券的流动性风险

上一节实证分析了政策性银行金融债券的流动性水平及其影响因素，流动性风险是不可预期的流动性水平的波动，方差法是度量波动的最常用的方法。然而，基于样本方差测度的风险不能很好地反映风险的动态性与条件依赖性，条件方差是一种动态的方差测度方法，可以用来研究波动随时间演变的特征。本书借助于 GARCH 模型（相关理论可参考第 5 章）来研究流动性风险。

按照公式（6.3）对政策性银行金融债券市场的流动性进行测度，对对数化的流动性进行描述统计，结果显示其峰度值显著大于 3，说明对数化的政策性银行金融债券的流动性不服从正态分布，JB 统计量的显著性也说明了这点。QQ 图是判断样本真实分布的较好工具，画出 QQ 图说明用 t 分布刻画对数化流动性序列是合理的。表中 ADF 值用于判断序列是否平稳，结果表明它们都拒绝了单位根的原假设，是平稳序列。Q 统计量和 Q^2 统计量的显著性说明，研究样本均存在序列的自相关性和异方差性。

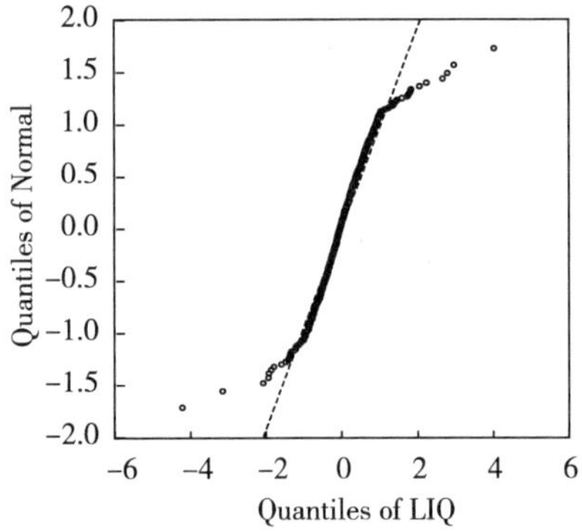

图 6－11　对数化流动性的正态分布 QQ 图

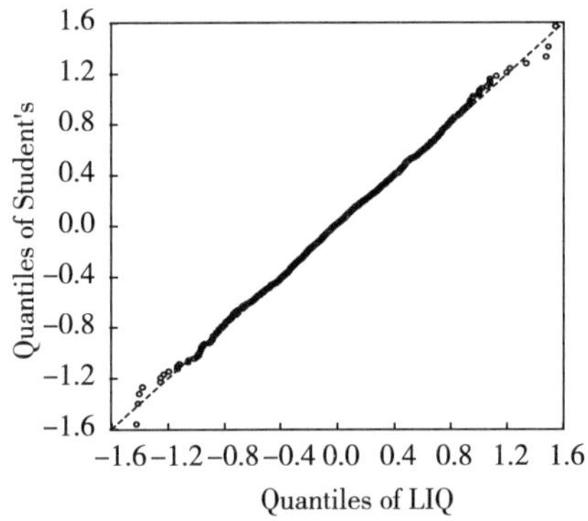

图 6－12　对数化流动性的 *t* 分布 QQ 图

下面用时变方差来对对数化的政策性银行金融债券的流动性进行刻画，通过建立 ARMA－GARCH 模型来考察对数化流动性水平的变化及波动特征。我们利用 S－plus8.0 软件，采用 BHHH 算法对模型进行最大似然估计，在充分“捕捉”残差自相关和异方差性的基础上，根据 AIC 最小准则来选择合适的模型滞后阶数。由于残差项拒绝正态分布假设，这里假设残差服从 t 分布，建立如下 ARMA（1，1）－GARCH（1，1）模型。

$$\begin{cases} \mu_t = a_0 + a_1\mu_{t-1} + b_1 e_{t-1} + b_2 e_{t-2} + e_t \\ e_t = \sigma_t \varepsilon_t \\ \sigma_t^2 = \alpha_0 + \alpha_1 e_{t-1}^2 + \beta_1 \sigma_{t-1}^2, \end{cases} \quad \text{公式(6.5)}$$

表 6－4　基于 ARMA－GARCH 的流动性（对数化）的参数估计

均值方程				方差方程			
项目	系数	Z 统计值	p 统计值	项目	系数	Z 统计值	p 统计值
a_1	0.8324***	48.42	0.0000	α_0	0.0045***	9.172	0.0000
b_1	－1.723***	－37.49	0.0000	α_1	0.0787***	14.503	0.0000
b_2	0.1244***	8.643	0.0000	β_1	0.9645***	147.839	0.0000
对数似然值		－769.288		残差 Q（12）		12.41　（0.3484）	
AIC（7）		338.763		残差 Q^2(12)		15.17　（0.1457）	

根据上面 ARMA－GARCH 的估计结果可以得到时变方差序列，即流动性风险值。GARCH（1，1）模型可以捕捉流动性水平的异方差性，然而金融时间序列往往存在杠杆效应或非对称效应，即好消息对市场波动的影响小于坏消息所造成的影响。为了研究流动性水平是否也存在这样的杠杆效应我们分别用 TGARACH（1，1）和 EGARCH（1，1）模型对之进行拟合。仍然是在充分“捕捉”残差自相关和异方差性的基础上，根据 AIC 最小准则来选择合适的模型滞后阶数。建立如下 ARMA（1，1）－TGARCH（1，1）模型：

$$\begin{cases} \mu_t = a_{10} + a_{11}\mu_{t-1} + b_{11} e_{t-1} + b_{12} e_{t-2} + e_t \\ e_t = \sigma_t \varepsilon_t \\ \sigma_t^2 = \omega_1 + \alpha_1 \varepsilon^2{}_{t-1} + \gamma_1 \varepsilon^2{}_{t-1} I_{t-1} + \beta_1 \sigma_{t-1}^2, \end{cases} \quad \text{公式(6.6)}$$

其中：I_{t-1} 是一个虚拟变量，当 $\varepsilon_{t-1} < 0$ 时，$I_{t-1} = 1$；否则，$I_{t-1} = 0$。如果 γ 显著不等于 0，则表明存在杠杆效应。

为更好地刻画流动性风险的杠杆效应，我们还建立了如下 ARMA（1，2）－EGARCH（1，1）模型。

$$\begin{cases}\mu_t = a_{20} + a_{21}\mu_{t-1} + b_{21}e_{t-1} + b_{22}e_{t-2} + e_t \\ e_t = \sigma_t\varepsilon_t \\ \ln\sigma_t^2 = \alpha_2 + g(z_{t-1}) + \beta_2\ln\sigma_{t-1}^2,\end{cases} \quad \text{公式(6.7)}$$

其中 $z_t = \varepsilon_t/\sigma_t$，服从标准正态分布，并且 $g(z_t) = \omega_2 z_t + \lambda_2(|z_t| - \sqrt{2/\pi})$，它是一个非对称的相应函数，可以刻画金融时间序列的杠杆效应。参数估计结果如表6－5所示：

表6－5　政策性银行金融债券流动性风险的非对称效应检验

对数化流动性的 TGARCH 建模				对数化流动性的 EGARCH 建模			
均值方程				均值方程			
项目	系数	T 统计值	p 统计值	项目	系数	T 统计值	p 统计值
a_0	0.0002*	1.956	0.0506	a_0	0.0003**	2.164	0.0306
a_1	0.8031***	47.436	0.0000	a_1	0.8129***	48.544	0.0000
b_1	－1.1692***	－40.564	0.0000	b_1	－1.1643***	－42.481	0.0000
b_2	0.1793***	6.437	0.0000	b_2	0.1757***	6.681	0.0000
方差方程				方差方程			
项目	系数	T 统计值	p 统计值	项目	系数	T 统计值	p 统计值
α_0	0.0042***	5.781	0.0000	α_0	－0.1197***	－12.893	0.0000
α_1	0.1404***	9.253	0.0000	α_1	0.1439***	13.076	0.0000
β_1	0.7082***	16.876	0.0000	β_1	0.6155***	83.490	0.0000
γ	0.1064***	6.257	0.0000	λ	0.2265***	5.127	0.0000
LL　－1672.586　AIC　3361.172				LL　－1672.639　AIC　3361.279			
残差 Q（12）		残差 Q（12）		残差 Q^2(12)		残差 Q^2(12)	
14.42（0.2749）		17.42（0.1345）		13.39（0.3417）		15.14（0.1659）	

表6－5中对残差的诊断结果表明经上述模型拟合后序列不再具有自相关性和异方差性，说明所构建的模型可以很好的捕捉原序列的自相关性与波动聚集性。参数估计结果显示在 TGARCH 和 EGARCH 模型中杠杆效应项的系数都是显著的，坏消息引起的波动较之于好消息更为明显，在利好消息出现时市场流动性水平变化不大，而利空消息到达时市场流动性风险明显增加。

6.5　促进政策性银行金融债券流动性的思考

6.5.1　金融债券品种创新

发行人可进一步推出多样化的创新品种，尽可能满足投资人的投资需求。增加交易品种，特别是利率衍生工具，充分考虑到债券投资人对债券品种和期限的偏好，以及政策性银行金融债券的中长期发展需要，把握时机引入利率期货产品。交易品种单一、投资者偏好相同不仅是政策性银行金融债券，也是我国银行间债券市场流动性水平较低的主要原因。衍生工具缺乏，市场中缺少对冲机制，只有在价格上行的时候可以获取利润，引入利率期货产品则为投资者反向操作提供了便利。在利率上升、债券价格下跌的过程中，投资者通过做空交易仍然能获取利润。引入债券类衍生品，会吸引大量投资者进入，针对市场冲击，不同的投资者形成不同的预期，预期上的差异保证了交易的顺利进行，从而提高了债券市场的流动性。

6.5.2　提高发行频率

发行人适当加快发行频率，滚动发行债券。短期债券的发行可为商业银行流动资金提供便利，同时也是中国人民银行在银行间债券市场进行回购操作的对象，而政策性银行需要通过发行长期债券来融资，因此通过滚动发行债券、增加短期政策性银行金融债券的发行量，可以完善金融债券的利率期限结构，满足各个层次市场参与者的需求，提高其参与积极性，增加市场的流动性。

6.5.3 发挥承销商的“做市”作用

明确承销商的二级市场做市商义务，激发承销商在二级市场流动性方面的积极性。目前，做市商制度虽然起到了一定活跃市场的作用，但距离成为我国场外债券主要交易机制仍有很大的差距，根据交易商协会统计，2009 年我国银行间市场做市商买卖报价量合计 49.47 万亿元，成交 1.32 万亿元，占成交总量的 2.7%，成交金额只占 0.28%。做市商制度所发挥的作用有限，首先，主要是由于现有做市商的参与者少，结构不合理，目前以商业银行为主，还有两家证券公司①；其次，风险管理水平偏低，加之避免工具匮乏，做市商难以管理较大的存货风险；最后，在监管层面，缺少对做市商的激励约束机制。

6.5.4 完善制度建设

与主管部门共同推动银行间市场的制度建设。登记、托管和结算系统是债券市场的核心基础设施，这一系统的稳定性和运行效率决定了市场的整体效率。通过进一步改善证券登记结构和托管系统、评级体系、会计和审计制度、信息披露制度、市场交易制度等，完善做市商制度和经纪商制度，解决非 DVP 成员的支付结算问题等，改进银行间债券市场的制度建设，通过二级市场来带动一级市场的繁荣。

① 银行间市场做市商包括：中国工商银行、中国农业银行、中国银行、中国建设银行、招商银行、中信银行、中国光大银行、兴业银行、中国民生银行、恒丰银行、北京银行、上海银行、南京银行、杭州银行、汉口银行、摩根大通银行中国有限公司、国家开发银行、交通银行、花旗银行中国有限公司、渣打银行中国有限公司和国泰君安证券、中信证券。

第 7 章　政策性银行金融债券的信用风险研究

信用风险有狭义和广义之分，狭义的信用风险又称违约风险，是指银行借款人，证券发行人或交易对方因为种种原因，不愿或不能按事先达成的协议履行义务而造成违约，从而致使银行、投资者或交易对方遭受损失的可能性。广义的信用风险包括由于借款人信用评级变动和履约能力变化导致其债务的市场价值变动而引起损失的可能性，即信用风险不仅存在于合约到期这一时点债务人是否履约，还存在于整个合约有效期内，其大小主要取决于债务人的信用状况。

随着金融全球化的发展和金融市场的剧烈波动，各国银行和投资者面临着前所未有的信用风险。2008 年 8 月美国次贷危机的全面爆发，进一步强化了市场对信用风险的认识和反思。从 2005 年开始，我国债券市场进入了快速发展阶段，近几年我国债券市场在产品创新、优化市场基础环境、有效约束机制等方面有了明显改善。相对于金融债券的迅速扩容，债券市场对于信用风险管控能力、强化信息披露、识别风险和控制风险等有效机制上相对滞后。尤其是政策性银行的金融债券，它是以国家信用为基础的，因此很长时间，人们认为它是无信用风险的。但是政策性银行金融债券具备了一般信用工具的三个基本信用特征：时间间隔、价值单方面运动、债权债务关系。因此，国债应用蕴含着一般金融工具运用产生的风险。本章对政策性银行金融债券的信用风险进行了全面而系统的介绍，在此基础上进一步讨论政策性银行金融债券信用风险的决定因素和对金融市场的影响，以及对政策性银行金融债券信用风险权重设定的重新思考。

7.1 政策性银行金融债券信用风险的特殊性

7.1.1 信用风险的特征

信用风险除具有一般的风险特征，即客观性、传导性、可控性和周期性外，还具有非对称性、内生性、难以观测性和易产生悖论现象等典型特征。

（1）信用风险收益与损失的非对称性。当某一债权人承受一定的信用风险时，其预期收益和预期损失是不对称的。最大收益是债务人履行合约时支付给债权人的利息，而最大损失为本息之和，两者之间存在明显的不对称性，与市场风险相比，信用风险的概率分布向左倾斜，并表现出所谓的“厚尾特征”（见图7－1）。因此，难以利用正态分布的优良统计特性对信用风险进行精确分析。而且对于债券的持有人而言，持有债券的收益是固定的，但它一旦发生损失，损失程度是变化的。

（2）信用风险的内生性。信用风险主要是由主观原因产生的，主要取决于债务人的偿还能力和偿还意愿，而在信用活动中债务人通常比借款人拥有更多的信息资源而处于有利地位，债权人由于无法及时深入地观察债务人的信用状况而处于不利地位，因而这种信息不对称情况下有可能发生逆向选择和道德风险问题，产生信用风险。信用风险的内生性不是说信用风险的发生与客观因素无关，如

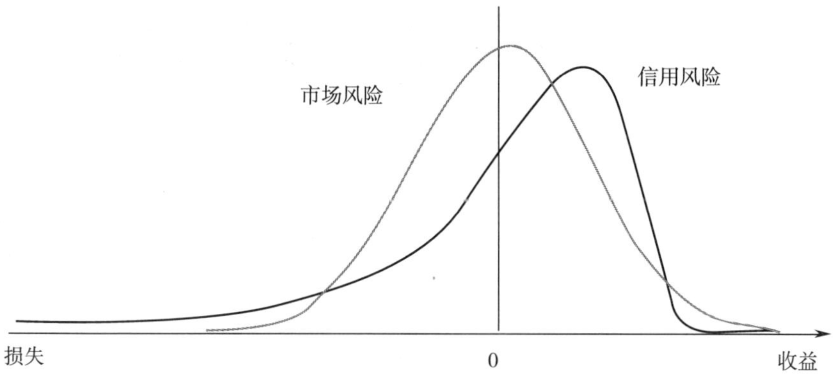

图 7-1　信用风险的概率分布特征

经济周期的变化自然会影响到债务人的偿还能力。

（3）信用风险的难以观测性。首先，以商业银行贷款为代表的信用资产缺乏透明且持续的交易市场，债权人难以观察信用产品的市场价格变化来测算信用风险变化；其次，信用资产期限一般都比较长，而信用风险的发生又是一个小概率事件，使得可获得的违约数据频率低且数量少。

（4）信用风险降低的悖论现象。理论上，信用风险的非系统性决定了多样化投资可以避免信用风险的过度集中，将信用资产分散化可以分散非系统性的原则适用于对信用风险的控制，但在实际中，债权人往往将信用资产投向经济发达地区、经济效益好、还款能力强的债务人，或者投资于自己比较了解和擅长的领域，尤其是投资于某个盈利能力比较强的行业，一旦市场发生转折性的变化，这种本意是控制信用风险的做法就会因为信用风险的过度集中而导致大规模地爆发信用风险。

关于债券的信用风险问题，国内外学者进行了大量的研究，归结起来主要可以分为三类：第一，建立适合债券信用风险度量的模型。Altman 和 Saunders（1997）对信用风险度量技术的发展进行了归纳和总结，并建立了一个评价固定收益债券（包括公司债券和政府债券）信用风险的 Z 模型。第二，对现有的信用风险度量模型进行假设条件修正得到更符合现实经济条件的债券信用风险度量模型，如 Brown et al（2002）等。第三，利用不同市场的债券数据对现有的信用风险度量模型进行实证检验研究，国内学者在这方面也作出了许多尝试，分析我国债券市场的信用风险问题，如杨玉明（2004），赵丽琴（2009）等，不仅如此，我国学者也对我国债券风险的成因、表现及防范方法进行了研究（王祥瑞，1997）。本章以我国政策性银行发行的金融债券为对象，分析我国政策性银行金融债券的特征及影响。

7.1.2 政策性银行金融债券的信用风险特征

通过分析我国先后成立的三家政策性银行的职能定位和资金来源，可以理解政策性银行金融债券的特殊性。

国家开发银行的职能是依靠国家信用，以信贷融资为基础，筹集和引导社会资金对一些国家重点建设的产业或对国民经济有重大影响的项目进行扶持。以政府信用为基础发行的政策性银行金融债券是其最重要的资金来源，占其资产负债表全部资金来源的 80%。

中国进出口银行通过出口信贷方式（出口信贷业务、开办信用保险、信贷担保业务），为扩大我国机电产品、高新技术产品等货物的出口提供金融支持，它是我国外经贸体系的重要力量；进出口银行也是对外承包工程及境外投资的主要融资渠道。资金来源包括由国家财政拨付的 33.8 亿元的资本金和发行人民币金融债券，此部分是中国进出口银行最重要的资金来源，约占资本来源的 90%。

中国农业发展银行按照既定的法律法规政策以国家信用为基础，为农业发展筹集政策性信贷资金、办理国家规定的农业政策性金融业务、代理财政性支农资金的拨付、为农业和农村经济发展服务。

资金来源主要包括：财政部划拨、发行政策性银行金融债券等，其中发行金融债券是其资金来源的主要方式。

综合而言，政策性银行享有最高级别的国家信用，政策性银行以国家信用为背景，由政府为政策性银行金融债券提供担保，使国家信用在市场上得到实现。对投资者而言，即便政策性银行出现还本付息困难，仍有国有信用作隐形担保，因此投资政策性银行的债券信用风险几乎为零。随着政策性银行的商业化转型，国家信用将退出，代之以金融信用和市场信用，政策性银行金融债券的信用风险问题也将浮出水面，得到市场参与者的进一步关注。

7.2　政策性银行金融债券信用风险的决定因素

7.2.1　银行自身质量因素

决定信用风险的最主要因素是银行自身的信用质量，信用质量包括运营环境、所有权结构与银行治理、管理与竞争、风险状况及其管理、资产安全性、盈利能力、资本充足率和资产流动性八大方面。

资本充足率的水平是银行抗风险能力的最重要表现，也是衡量其市场扩张能力的标准。在政策性银行运行初期，由于财政拨款难以迅速到位等原因，没有形成资本金补充机制，资本充足率普遍较低，国开行 2003 年至 2006 年的资本充足率分别为 10.26%、10.50%、9.15%和 8.05%，在 2007 年底，为支持国开行的商业化改革，中央汇金公司向国开行注资 200 亿美元，使其资本充足率达到 12.77%，虽然国开行的资本充足率满足银监会所要求的资本充足率水平，但是从国外情况来看，政策性银行的资本充足率应高于商业银行，一般12%～15%较为适宜。而且国开行的资产质量和盈利能力是我国三大政策性银行中最好的一个，2006年农业发展银行的资本充足率仅为4.42%。近年来，农业发展银行在政策的支持和自身的努力下，也有了很大的发展，2011年农发行的资本充足率已超过10%。

由于政策性银行的贷款有财政拨款作为后盾，较少考虑信用风险，即使存在贷款风险，最终也会由国家承担。长期在此心理的作用下，产生了放款不计规模、贷款不计利息，偿还不计期限等影响银行本身的资产质量的问题。

7.2.2 政府支持性因素

政策性银行以国家信用为隐形担保，因此考虑政策性银行的信用风险时，政府支持性因素是对其重点考察的因素，政府支持性因素主要包括政府所有及政府信用支持、财政和中央的支持及职能定位。

（一）政府信用担保

政策性银行指那些由政府创立、参股或保证，不以赚取利润为目的，专门为贯彻、配合政府社会经济政策或发展，在特定的业务领域内直接或间接从事政策性融资活动，充当政府发展经济、促进社会进步，进行宏观经济管理工具的金融机构。政策性银行以国家信用为背景，政府通过制定明确的法律法规政策等对政策性银行发行的金融债券提供信用担保，从而提高了其信用等级，降低了筹资成本。

（二）财政和中央援助

为了保证国家区域发展目标和产业政策的实现，促进经济发展、优化资源配置，政府或立法机关为政策性银行提供了完善配套的支持措施，包括运用法律的、经济的、行政的方式，使其享有一定的优惠和特权。政府和中央支持是政策性银行能够长期稳健运营的基础。政府提供的财政援助，是政策性银行最可靠、最强有力的资金来源，体现了政府对政策性银行的强力支持和保证。政策性银行资本金都由政府全额拨付，且随时追加，其资本充足率都在两位数以上，高于商业银行。同时政策性银行还长期享有特殊的税收减免，利差补贴等政策，在特殊情况下政府承担部分不良债权，对于部分呆账、坏账造成的亏损进行补偿。

7.2.3　宏观经济周期因素

宏观经济因素的变化会对微观企业的经营业绩和盈利状况造成较大的影响，进而影响银行的信用实力。一般而言，政策性银行的贷款发放对象主要是国有企业，由于管理不善，制度落后，缺乏竞争和激励机制等导致的经营效益差，出现贷款难以收回的现象，在经济萧条时期，这种现象更加明显，从而对政策性银行的资产质量造成压力，进而影响到对政策性银行的等级评定，图 7 -2 给出了对政策性银行的信用评级办法。

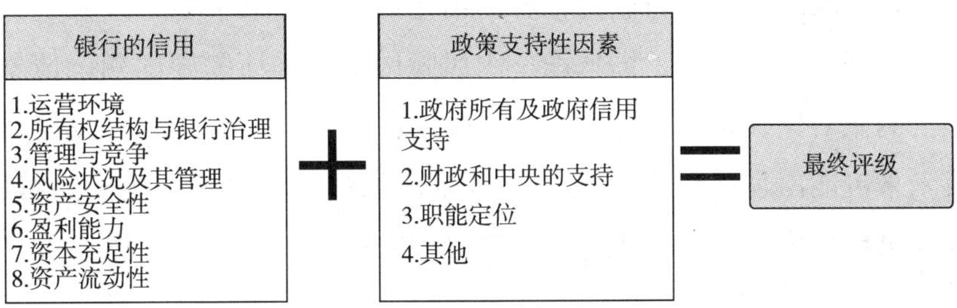

图 7 -2　政策性银行的信用评级

7.3 政策性银行金融债券信用风险对金融市场的影响

信用风险包括两个部分：一是违约风险，即发生违约的概率分布；二是信用等级变化风险，即由于信用等级的突然下降而导致对方损失的概率分布。根据信用风险的内涵，对信用风险的衡量也包括两个部分：一是信用风险溢价发生变化，即使债券不发生变化，但投资者关心债券的市场价值，而债券的市场价值则与债券的到期收益率之间的差额有关，这一差额的一部分来源于违约风险，也被称为违约风险溢价，如果违约的风险溢价增大，债券的市场价值将变小。违约风险溢价通常会与经济周期相关，如在经济萧条时，投资者会担心债权人用于偿还债券本息的现金流下降，则违约风险溢价就会扩大。二是信用评级的变化，信用等级的高低与信用风险的大小成反比，信用等级的高低不仅与自身质量有关，与政策外部支持和宏观经济周期也有着密切的关系。尤其对于政策性银行金融债券，政策外部支持是其信用评级的主要因素。考虑到我国金融债券市场的具体情况，本节模拟政策性银行金融债券的信用评级变化情况，来反映政策性银行金融债券的信用风险对金融市场的影响。

采用情景分析法，即选取一组风险因素作为所需要的测试情景，分析测试对象在该情景下可能受到的最大损失，其情景通常从过去或未来可能出现的经济、政治或自然现象中获取，该方法需要借助计算机模拟来排除相关性较小的风险因子，从而使情景更加可靠、科学。

7.3.1　信用风险对投资者损失的情景分析

目前我国的政策性银行，其信用水平是国家信用与其自身商业信用的叠加，在国家政策的支持下，形成了政策性银行的准国家信用级别，即便是2007年提出国家开发银行开始全面推进商业化运作，2008年2月国务院正式批准国开行改革总体方案的背景下，国开行的准国家信用级别仍被保留。而且从三大国际评级机构对国开行改革后的评级结果来看，商业化转型并没有影响国开行维持原有的信用级别，也就是说，在此之前，政策性商业银行的金融债券并不存在可供定量分析的信用风险样本。因此本书拟采用情景分析法，通过假设下调信用评级，来模拟分析对债券持有人的影响。

理论上信用风险水平的增加将导致银行的信用等级下降，从而使其发行的债券信用风险溢价，即债券持有者要求的回报率提高。主要表现在债券当前价格下的债券持有者面临债券贬值的风险。本书在此理论基础上，模拟债券的信用水平降低给投资者带来的最大损失。

定义定息债券的定价模型如下：

$$V=\frac{c}{1+r}+\frac{c}{(1+r)^{2}}+\frac{c}{(1+r)^{3}}+\cdots+\frac{c}{(1+r)^{N}}+\frac{A}{(1+r)^{N}}$$

$$=\sum_{T=1}^{N}\frac{c}{(1+r)^{T}}+\frac{A}{(1+r)^{N}} \qquad \text{公式(7.1)}$$

其中，V代表债券的内在价值，A表示债券面值，c表示利息水平，r代表债券到期收益率，N为债券到期期限（以年为单位）。

从定价模型来看，债券到期收益率的变化与债券价值呈反比关系，债券发行行的信用等级降低会导致要求的回报上升，即债券的到期收益率会增加，债券价格下跌。给现有的债券持有者造成损失，损失金额就等于存量债券价值减少的总数额。

根据债券的估值公式，在到期收益率增加 Δr 时，债券价值变化如下：

$$\Delta V = \left[\sum_{T=1}^{N} \frac{c}{(1 + c + \Delta r)^{T}} + \frac{A}{(1 + r + \Delta r)^{N}} \right] - \left[\sum_{T=1}^{N} \frac{c}{(1 + r)^{T}} + \frac{A}{(1 + r)^{N}} \right] \qquad \text{公式(7.2)}$$

其中 ΔV 表示债券的价值变动率，等式右边的第二项表示收益率变动前债券价值，右边的第一项表示收益率变动后债券价值，债券价值的变化量等于二者的差，r 表示债券到期收益率，取 2006 年至 2011 年所有交易日政策性银行到期收益率的平均值，Δr 表示政策性银行因信用等级的变动而引起的债券到期收益率的增量，$\Delta r = \overline{\Delta r/r} \times r$，$\Delta r/r$ 为信用等级变动后债券平均收益率的变动百分比，如由 AAA 下调到 AA+，则 $\Delta r/r = (r_{AA+} - r_{AAA})/r_{AAA}$，$\overline{\Delta r/r}$ 代表各年的平均值。图 7－3 为 2006 年至 2011 年我国所有银行间固定利率金融债券由信用等级变化而导致的债券收益率变化的平均值（这里的因信用等级的变化而引起的债券收益的变化，采用的样本是所有金融债券的，因为目前我国的政策性银行的金融债券因采用准国家主权级别，没有样本可观察信用等级的变化。国内评级机构倾向于给金融债券最高等级的评定结果，信用等级变化差异较小，所以对债券的评级结果基本采用国际三大评级机构的结果，若遇到未被评级的，则以本土评级机构中诚信、联合资信和大公国际的评定结果来补充）。

2011 年，从债券期限来看，金融债券发行期限以中长期为主，主要集中在 3～10 年，这主要是因为政策性银行通过发行债券来获取放贷资金，而项目贷款中长期的性质导致了其发行债券的期限也相对较长。其中，10 年期最多，有 39 期，占总发行期数的 26.90%；其次是 5 年期的，有 32 期，占比为 22.07%；最后为 3 年期和 7 年

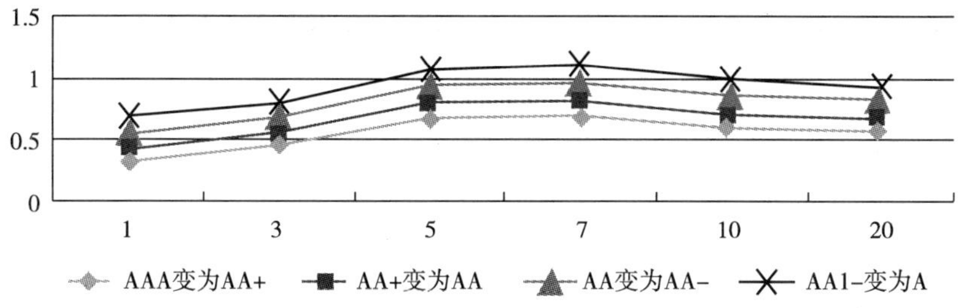

注：图中横坐标表示债券期限，纵坐标表示变动值。

资料来源：中国债券信息网、WIND 资讯金融数据库。

图 7－3　债券信用等级变化所引起的金融债券到期收益率变化的均值

期，分别有 23 期和 19 期，分别占比为 15.86% 和 13.10%。因此本书的研究集中在债券期限 1 年、3 年、5 年、7 年和 10 年。

表 7－1 给出了政策性银行金融债券的信用等级水平对不同期限的债券持有者的影响：10 年期的政策性银行，价格为 100 元的情况下，在四种情形下分别使债券持有人损失 27.14 元、32.84 元、38.46 元和 43.79 元，带来损失的下降幅度逐年减少，用该数值乘以某一时间某机构投资者持有政策性银行的存量数量，就可以得到该机构投资者因政策性银行金融债券的信用等级下降而给自身带来的损失金额。与第一种情形相比，情形 2、情形 3、情形 4 给投资者带来的损失依次加大，而且期限越长的债券持有者损失越大。

表 7－1　不同情形下存量政策性银行金融债券信用级别下降给投资者带来的总损失

债券期限	剩余期限	情形 1	情形 2	情形 3	情形 4
		降为 AAA	降为 AA +	降为 AA	降为 AA －
1 年	1	－0.29935	－0.41864	－0.5347	－0.64757
3 年	1	－0.42501	－0.54229	－0.65968	－0.77197
	2	－0.83083	－1.05949	－1.28808	－1.50651
	3	－1.21831	－1.55273	－1.88667	－2.20539

续表

债券期限	剩余期限	情形 1	情形 2	情形 3	情形 4
		降为 AAA	降为 AA +	降为 AA	降为 AA -
5 年	1	-0.63744	-0.75989	-0.88241	-0.99956
	2	-1.24478	-1.48301	-1.72109	-1.94845
	3	-1.82345	-2.17112	-2.51817	-2.8492
	4	-2.37477	-2.82591	-3.27569	-3.70422
	5	-2.90003	-3.44895	-3.9956	-4.51582
7 年	1	-0.64036	-0.75931	-0.87788	-0.99134
	2	-1.22761	-1.45474	-1.68085	-1.89697
	3	-1.76505	-2.09032	-2.41373	-2.72249
	4	-2.25584	-2.6699	-3.08109	-3.47317
	5	-2.70292	-3.19708	-3.68719	-4.15396
	6	-3.10909	-3.67526	-4.23608	-4.76955
	7	-3.477	-4.10764	-4.73156	-5.32432
10 年	1	-0.56562	-0.68655	-0.80671	-0.92159
	2	-1.10494	-1.34036	-1.57402	-1.79714
	3	-1.61916	-1.96299	-2.30384	-2.62895
	4	-2.10944	-2.5559	-2.99797	-3.41916
	5	-2.57688	-3.1205	-3.65815	-4.16983
	6	-3.02254	-3.65812	-4.28601	-4.88291
	7	-3.44743	-4.17004	-4.88312	-5.56026
	8	-3.85249	-4.65748	-5.45096	-6.20365
	9	-4.23865	-5.12159	-5.99096	-6.81477
	10	-4.60678	-5.56347	-6.50446	-7.3952

7.3.2 对债券市场的影响

（一）对债券价格的影响

若政策性银行的金融债券的信用风险增加，势必会减少投资者对政策性银行金融债券的需求，并且要求更高的收益率来进行风险补偿。在增加政策性银行融资成本的同时，也降低了市场对政策性银行金融债券的需求，这种对政策性银行金融债券的减持会进一步造成债券价格的波动。这种效应会因为我国现在银行间债券市场的机构投资者的高度集中而被强化，高度集中的投资者对债券信号的反应具有同步性和类似性，进一步加剧了债券的价格波动。

（二）对债券市场风险的影响

政策性银行发行的金融债券在金融市场上有着举足轻重的地位。根据中国债券信息网的统计，截至 2012 年底，债券托管总量达到 237569. 11 亿元，其中政策性银行债达到 78582. 33 亿元，比例超过 33% 。从 2012 年新发债券的券种结构来看，虽然企业债券的发行量同比大幅增长，但政策性银行债券的比例仍超过了 30% 。比重如此之大的债券一旦有发生信用风险的可能性，无疑会增加整个债券市场的系统性风险。而且，如果其中一家政策性银行的信用等级降低，将会影响到市场对其他政策性银行的预期，造成债券市场流动性下

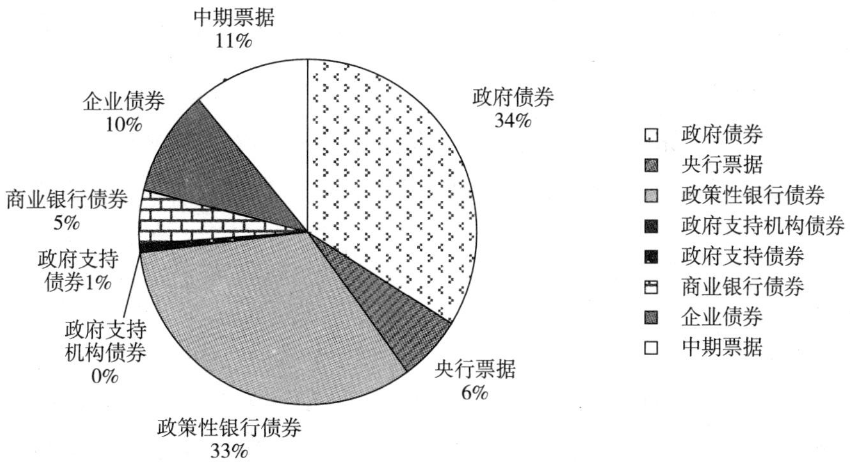

资料来源：中国债券信息网。

图 7－4　2012 年各券累计发行量占比量分析

降，价格波动加剧，在政策性银行金融债券占重要地位的债券市场上，势必会加大整个债券市场的系统性风险。

（三）对政策性银行的金融债券信用风险的思考

目前我国政策性银行的资金主要来源是发行债券，债券融资占负债总额的85%以上，债券信用等级的变化就会对银行产生重要影响，今后在政策性银行的改革中可考虑增加融资来源渠道：扩大存款业务和发展资产证券化。

发展信用衍生品，构建政策性银行金融债券市场信用风险分散和转移路径。国际经验表明，信用衍生品具有分散信用风险，提高资产回报率、增强资产流动性、扩大市场规模、提高金融市场效率的作用。《巴塞尔新资本协议》指出："借助于信用衍生品，银行可以提高风险管理的水平。"面临激烈的行业竞争，破产现象频发，债务违约率提高的环境，我国商业银行等金融机构要求发展信用衍生产品、信用资产证券化的呼声越来越高。目前，我国发展信用衍生产品市场的基本条件也逐步成熟。在衍生产品发展初期，可以根据双方交易需求就某一债券品种开发信用衍生品合约，并逐步向"标准化"合约发展。2010年债券市场推出的信用风险缓释工具，包括信用风险缓释合约和信用风险缓释凭证，被认为是信用衍生品市场的一个创新，和国际上的CDS有些类似，以为日后发展标准化信用衍生工具积累经验。在"非标准化"信用衍生品发展到一定规模、债券现货市场有较大容量，具备一定的信用风险管理能力时，可以尝试在一定范围内试点推行"标准化"信用衍生品。中国人民银行的统计数据显示，我国各项贷款余额已达到相当大规模、贷款利率浮动幅度较大，具备了发展信用衍生产品的基本条件。

此外，随着我国银行业的全面开放，国内金融市场的竞争日趋激烈，在商业化转型的进程中，政策性银行应加强风险管理的建设。

通过建立健全有效的全面风险管理体系，制订清晰的风险管理战略和完善的风险管理政策，培养风险管理文化等措施，牢固树立稳健经营的理念等方式加强自身风险管理的能力。同时还要学习国内外先进商业银行的风险管理经验，逐步完善资产风险识别、监测、报告和管理体系，通过风险管理将资产风险降到最低。

注重长期贷款衍生产品的培育，化解贷款风险。政策性银行贷款的特点是以中长期贷款为主，这在一定程度上加大了银行的流动性风险和信用风险。因此，政策性银行可以在贷款转包和资产证券化的基础上，积极借鉴和总结国外资产证券化产品成果，加快开发新品种的速度并加大研发力度，争取推出符合市场需求，多方共赢的资产证券化产品，逐渐调整贷款结构，逐步用资产负债管理指标来控制风险。

在债券市场建设方面，应进一步打破银行间债券市场与交易所市场的界限，增加政策性银行金融债券的流动性：不仅可以在批发市场中流通，也可以在零售市场上交易。目前，国债和公司债券已能实现跨市场交易，这为政策性银行金融债券登陆交易所市场提供了良好借鉴。

7.4　政策性银行金融债券信用风险权重设定的思考

我国《商业银行资本充足率管理办法》规定债权投资风险权重如下：政策性银行金融债券的风险权重为 0，其他商业银行金融债券原始期限超过 4 个月的风险权重为 20%。

随着市场化的不断深入，政策性银行逐步让位于商业性金融，政策性银行本身也面临着转型的问题。2007 年的第三次金融工作会议已经明确：依据分类指导、一行一策的原则，推进政策性银行的体制改革，首先推进政策性银行的商业化运作，实行公开透明的招标开展政策性业务。2008 年 12 月 16 日，国开行股份有限公司在北京成立。与此同时，中国进出口银行和中国农业发展银行也在深化内部改革，为商业化创造条件。目前商业银行持有政策性银行金融债券的风险权重为 0，而在政策性银行商业化改革的过程中，其风险权重会有所变化，这势必对商业银行的核心资产产生影响。债信零风险意味着政策性银行金融债券不会占用商业银行核心资本，无需计入拨备，不会受到授信集中度或投资集中度的限制。在国开行的改革过程中，国家为了保护其债券的供需和市场估值，银监会明确该行在 2013 年末之前发行的人民币债券风险权重为零，直至债券到期，并视同政策性银行金融债券，2013 年后的债信将另行研究决定。如果在商业化过程中，政策性银行的债信由市场来决定，即政府放开对原政策性银行的支持，那么商业银行就会上调政策性银行的风险权重，类似于其他商业银行的金融债券，商业银行持有政策性银行金融债券也会增加其加权风险资产净额的规模，本部分就风险权重的变化对商业银行的影响进行了模拟分析。

7.4.1 风险权重变化对商业银行资本充足率的影响

银行资本充足率是指商业银行持有的自身资本与加权风险资产之间的比率，代表着银行对负债的最后偿债能力。计算公式为

$$\text{资本充足率} = \frac{\text{资本} - \text{扣除项}}{\text{风险加权资产} + \text{市场风险资本} \times 12.5} = \frac{\text{资产净额}}{\text{加权风险资产净额}}$$

在银行资产净额不变的情况下，加权风险资产净额的增加将导致银行资本充足率的下降。

$$资本充足率 = \frac{商业银行的资本净额}{加权风险资产净额 + 加权风险资产净额的增加额}$$

因政策性银行风险权重上升而增加的加权风险资产规模为商业银行持有政策性银行金融债券规模（hold）与风险权重的乘积（risk）。

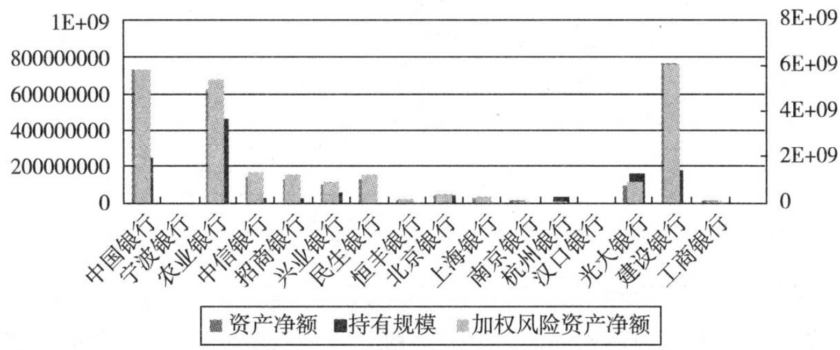

资料来源：2010 年各银行的年报。

图 7－5　2010 年 16 家银行的资产净额与持有规模

图 7－5 首先给出了计算风险权重变化对商业银行的影响所需要的数据，根据上述表达，本部分计算了在不同风险权重下，银行间市场做市商的 16 家国内商业银行的资本充足率的变化，结果如表 7－2 所示：

表 7－2　　风险权重的变化对商业银行资本充足率的影响

银行名称	当前资本充足率	风险调整后的资本充足率			
		0～5%	0～10%	0～15%	0～20%
1. 中国银行	12.58%	12.55%	12.53%	12.50%	12.47%
2. 宁波银行	16.20%	16.20%	16.19%	16.19%	16.19%
3. 农业银行	11.59%	11.59%	11.49%	11.44%	11.39%
4. 中信银行	11.31%	11.29%	11.28%	11.27%	11.25%
5. 招商银行	10.44%	10.43%	10.42%	10.40%	10.39%
6. 兴业银行	11.22%	11.20%	11.19%	11.17%	11.16%
7. 民生银行	10.44%	10.44%	10.44%	10.44%	10.44%
8. 恒丰银行	11.08%	11.07%	11.06%	11.05%	11.04%

续表

银行名称	当前资本充足率	风险调整后的资本充足率			
		0~5%	0~10%	0~15%	0~20%
9. 北京银行	12.62%	12.40%	12.18%	11.95%	11.74%
10. 上海银行	10.70%	10.63%	10.61%	10.57%	10.56%
11. 南京银行	14.63%	14.62%	14.62%	14.61%	14.61%
12. 杭州银行	11.73%	11.56%	11.39%	11.23%	11.08%
13. 汉口银行	12.01%	12.00%	11.99%	11.98%	11.97%
14. 光大银行	11.02%	10.97%	10.88%	10.78%	10.69%
15. 建设银行	12.68%	12.66%	12.64%	12.62%	12.60%
16. 工商银行	12.36%	12.16%	11.97%	11.79%	11.61%

以上计算了风险权重改变的情况下，对商业银行的资本充足率的影响，随着风险权重的增加，加权风险资产的总额会增加，在核心资产不变的情况下，商业银行的资本充足率会下降，但是这种冲击造成的影响并不大，即使风险权重增加到最大值20%，16家银行依旧满足《巴塞尔资本协议》规定的商业银行资本充足率不得低于8%的要求。根据《中国银行业实施新监管标准的指导意见》，2012年初新资本监管标准将开始实施，正常条件下系统重要性银行资本充足率要求不低于11.5%，非系统重要性银行要求不低于10.5%。银监会要求系统重要性银行和非系统重要性银行应分别于2013年底和2016年底前达到新标准。如果按照我国银监会对商业银行资本充足率的要求，还是应该对政策性商业银行金融债券的风险权重设定采取谨慎的态度。

7.4.2 对风险权重设定的思考

为了简化分析，本书假设商业银行减持的风险资产的风险权重为100%，同时增加相应金额的风险权重为0%的债券投资，则加权风险资产的减少金额就是风险资产的减少金额，减持的风险资产收益率用银行贷款的平均利率作为其代理变量，所以成本的变化等于加权风险资产的增加额与贷款的利率和债券的平均收益率之差的乘积，因为无法找到每个银行的债券投资收益率，所以本书只能计算以下 6 家银行在面临政策性银行金融风险权重的变化时，欲保持资本充足率不变，所要付出的额外成本。

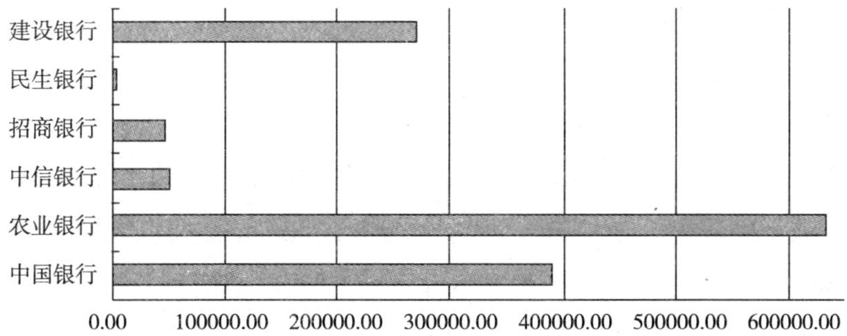

图 7－6　风险权重为 5% 时持有政策性银行金融债券的成本增加额

上述研究表明风险权重的变化会影响商业银行资本充足率，可以通过两种途径来提高资本充足率：（1）提高银行自身的资本，包括核心资本和附属资本。可通过发行股票增加核心资本，或发行可转换债券或长期次级债务来增加附属资本，但附属资本不能超过核心资本的 100%。（2）调整风险资产的结构通过将高风险的资产结构变为低风险的资产结构来保持资本充足率不变。在增加资本受到限制的情况下，必然会通过调整风险资产的结构来保持资本充足率的增加，但是调整风险资产结构必然会给商业银行带来额外的成本。

第 8 章　主要结论及政策建议

8.1　研究结论

政策性银行金融债券的市场化运作是政策性金融机构商业化经营的重要组成部分。本书第 3 章深入分析了金融债券的市场化发展与创新，分析了创新的必要性与可行性，并从产品创新、制度创新和监管方面深入剖析，为金融债券的创新探索了发展方向；本书的第 4 章至第 7 章从定性分析和实证检验两个方面，分别对政策性银行金融债券的利率期限结构、市场风险、流动性风险和信用风险进行了深入而细致的研究，并在此基础上得出了重要的结论。现将主要研究成果汇总如下：

(1) 首先，通过对政策性银行金融债券的创新与发展的思考，分析了政策性银行金融债券创新的必要性与可行性，分别从其存在的问题、创新的优势两方面进行论证。其次，从政策性金融的国际经验这一角度叙述对我国政策性银行金融债券创新的启示。最后，从国开行的创新情况、我国金融债券融资来源、发行与承销、产品设计及监管的创新等几个方面阐述了推进我国政策性银行金融债券创新与发展的思路，指出政策性银行金融债券是我国金融体系的重要组成部分，对我国政策性银行金融债券的创新，以及我国政策性银行改革和金融发展具有一定的意义。

（2）在分析政策性银行金融债券利率期限结构的变化时，采用主成分分析法提取出独立成分对前文提到的利率期限结构进行替代。通过对各种期限下的政策性银行金融债券收益率曲线进行主成分分析，提取 3 个主成分，分别代表水平移动成分、斜率变动成分以及曲率变动成分。实证发现政策性银行金融债券收益率曲线水平因素显著程度非常高，而倾斜因素与曲度因素影响很小，表明市场对政策性银行金融债券的投资趋于理性，没有出现较多的曲线局部收益率债券集中炒作和过度投机。

（3）选取存款准备金率、定期存款 1 年期基准利率、M_2、通货膨胀率等研究了货币政策工具对到期收益率期限的影响。基于 VAR 模型分析发现通货膨胀率越高，政策性银行金融债券收益率越低。通货膨胀代表资金流动性充裕，商业银行基于资产调整效应、财富效应以及市场预期效应造成政策性银行金融债券价格上涨，从而收益率降低。从紧的货币政策也将通过上述效应提高政策性银行金融债券收益率。说明我国银行间债券市场的传导机制存在一定的连带性，即中期债券收益率与短期债券收益率传导效果明显，Granger 因果检验和脉冲响应分析对政策性银行金融债券收益率与货币政策的应用性进行了研究，结论表明中央银行的货币政策改变对政策性银行金融债券收益率造成了影响，且通货膨胀的预期冲击具有持久性，投资者对中央银行货币政策持信任态度。

（4）低的交易成本、充足的流动性是政策性金融机构市场化运作的重要保证。面对众多备选的流动性衡量指标，本书创新性的使用聚类分析的方法对这些指标降维，选取最具有代表性的指标作为衡量流动性的代理变量；根据聚类分析产生的结果分别从年总交易量、日均报价和买卖价差三个方面对我国政策性银行金融债券的流动性的现状进行分析，研究发现综合流动性总体呈现出平稳上升的态势；特别是从 2005 年 9 月开始，不仅流动性的波动性大大减小了，更呈现出平稳的上升趋势，特别是2007年以后，我国政策性银行金融债券的流动性有了很大的改善。此外，Schwartz（1988）提出交易的活跃程度、风险、信息和竞争四个因素会影响证券的流动性，为了考察债券流动性水平的影响因素，本书选取交易笔数、平均每笔交易量、波动率、标准化交易量、票面利率、发行规模和剩余期限7个因素作为解释变量，构建回归分析模型，实证研究发现交易的活跃程度和竞争程度与证券的流动性负相关，信息、风险与流动性正相关。

（5）结合我国金融债券市场的具体情况，采用了情景分析法模拟了政策性银行金融债券的信用评级变化债券持有人和金融市场的影响；通过选取一组风险因素作为所需要的测试情景，分析测试对象在该情景下可能受到的最大损失。研究发现下调信用评级，对债券持有人造成的损失，调整幅度越大、期限越长对债券持有者造成的损失越大，还会加剧债券市场价格的波动，增加系统性风险。基于实证研究分析计算了在不同风险权重下，银行间市场做市商的16家国内商业银行的资本充足率的变化，研究发现在核心资产不变的情况下，商业银行的资本充足率会下降，但是这种冲击造成的影响并不大，即使风险权重增加到最大值20%，16家银行依旧满足《巴塞尔资本协议》规定的商业银行资本充足率不得低于8%的要求。但如果按照我国银监会对商业银行资本充足率的要求（非系统重要性银行资本充足率不低于10.5%），还是应该对政策性商业银行金融债券的风险权重设定采取谨慎的态度。

（6）基于理论分析发现，通过政策性银行金融债券业务的创新来实施传统银行信贷业务与资本市场相结合，可以解决如下问题：①减轻资本压力，通过金融债券的创新可以为政策性银行开辟新的资金来源和运用渠道。借助于资本市场，向广大投资者筹集资金，增强政策性银行对金融市场变化的适应能力。②受政策目的所限，政策性银行贷款期限较长，资产和负债期限不匹配，潜在的流动性风险很大。③利用资本市场进行金融创新，政策性银行可以增强资金流动性和市场应变能力，降低流动性风险和市场风险。通过资本市场金融创新，把政府的信用、银行的信用结合起来，可以很好地解决信用风险防范问题、增强化解风险的能力。

8.2　政策建议

随着中国经济和金融环境发生变化，政策性银行的发展模式也面临着改革的压力。在政策性银行改革的过程中，市场化融资方式是其改革成败的关键，应考虑如何在其商业化后，仍能实现金融系统稳定、金融市场体系健康发展的目标。政策性银行金融债券是政策性银行的主要资金来源，针对金融债券的市场化运作，本书在前期研究的基础上，提出如下可供操作的政策建议：

（1）流动性是债券市场运行质量的重要标准之一，流动性水平的提高，既可以有效降低发行主体的筹资成本和风险，又可以规范金融机构资产运作模式。本书基于理论分析和实证研究提出了以下促进政策性银行金融债券流动性的几个方案：包括金融债券品种创新，吸引大量投资者进入，针对市场冲击，不同的投资者形成不同的预期，预期上的差异保证了交易的顺利进行，从而提高债券市场的流动性；发行人适当加快发行频率，滚动发行债券；明确承销商的二级市场做市商义务，激发承销商在二级市场流动性方面的积极性与主管部门共同推动银行间市场的制度建设；登记、托管和结算系统是债券市场的核心基础设施，这一系统的稳定性和运行效率决定了市场的整体效率。

（2）在政策性银行市场化改革过程中，政府将逐渐退出政策干预、信用支持等，进而会引发政策性银行金融债券的信用风险问题，本书提出了几个降低信用风险的可行办法：①发展信用衍生品，构建政策性银行金融债券市场信用风险分散和转移路径；②建立健全有效的全面风险管理体系，制订清晰的风险管理战略和完善的风险管理政策，培养风险管理文化等措施；③增加融资来源渠道，扩大存款业务和发展资产证券化，注重长期贷款衍生产品的培育，化解贷款风险；④进一步打破银行间债券市场与交易所市场的界限，增加政策性银行金融债券的流动性。

（3）金融债券的创新是维护政策性银行金融债券市场化的灵魂，在借鉴发达国家金融债券的创新上，本书提出如下可供操作的政策建议：①在融资来源方面：完善金融债券的二级市场，扩大金融债券的发行范围；积极探索海外融资渠道，在境外资本市场发行政策性银行金融债券；向社会保险基金定向发行金融债券。②借鉴国际经验，结合中国的政策性银行金融债券的监管现状，按照“立法先行、优惠激励、差别监管、加强合作”的思路设计和制定一套合理的监管政策与措施，包括：立法先行，明确政策性银行的法律地位；信用支持与激励机制，促进政策性银行金融债券的可持续发展；差别监管，制定适应政策性银行运行法律；加强合作，提高监管效率。

8.3 研究展望

本书研究至今，虽然取得了一些卓有成效的研究成果，但是在撰文过程中仍存在一些不足之处，同时，这些不足之处也是后续研究的重点关注方向。概括起来有以下几个方面：

（1）本书在对金融债券的收益率进行研究时未能将 VAR 模型及 GARCH 模型的应用扩展到 VECM 模型及带有杠杆的 GARCH 模型实

证分析，没有分析货币政策与政策性银行金融债券长期及短期的关系和利好利空消息对政策性银行金融债券收益率的不同影响，这也将成为后续研究的主要问题之一。

（2）本书对债券市场流动性水平研究内容较为翔实，但是未对流动性水平的波动程度，即流动性风险进行研究，事实上，流动性风险是金融资产溢价的一个主要因素，这也是后续研究的一项重要内容。

（3）本书详细研究了信用评级下调对于债券持有人、金融市场及商业银行资本金率的影响；本书详细分析了影响政策性银行金融债券信用风险的一些因素，但本书未构建适当模型对政策性银行金融债券的信用风险进行测度，主要是目前政策性银行金融债券都享有准国家信用评级，缺乏相应的数据，这一点有待进一步考察。

参考文献

[1] 巴曙松．中国债券市场的发展及对利率政策、银行风险管理的影响［J］．金融研究，2000（2）．

[2] 巴曙松，韩明睿．基于 SVAR 模型的金融形势指数［J］．宏观经济研究，2011（4）．

[3] 巴曙松，袁平等．商业银行流动性管理研究文献综述［J］．金融教学与研究，2007（12）．

[4] 马君潞，牛凯龙．中国资本市场结构矛盾和系统风险［J］．南开经济研究，2004（2）．

[5] 马君潞，范小云，曹元涛．中国银行间市场双边传染的风险估测及其系统性特征分析［J］．经济研究，2007（1）．

[6] 马君潞，于红鑫，魏凤春．财务约束、银行家行为与金融创新研究［J］．国际金融研究，2007（12）．

[7] 牛凯龙，马君潞，范小云．动态一致、制度耦合与中国金融发展悖论——对转轨时期中国金融发展“麦金农之谜”的解释［J］．中央财经大学学报，2010（9）．

[8] 袁伟彦，李文溥．中国货币政策的汇率传递效应及形成机制——基于 SVAR 与动态一般均衡（DGE）模型的分析［J］．管理世界，2010（12）．

[9] 朱世武，陈健恒．交易所国债利率期限结构实证研究［J］．金融研究，2003（10）．

[10] 谢海玉．我国债券收益率变动分析［J］．国际金融研究，

2004（7）.

［11］唐毅亭，韩冬，卢宇荣．公开信息与流动性——基于银行间债券市场的实证研究［J］．金融研究，2006（9）.

［12］姚长辉，梁跃军．我国国债收益率曲线的实证研究［J］．金融研究，1998（8）.

［13］郭涛，宋德勇．中国利率期限结构的货币政策含义［J］．经济研究，2008（3）.

［14］杨大楷，杨勇．关于我国国债收益率曲线的研究［J］．财经研究，1997（7）.

［15］周子康，王宁，杨衡．中国国债利率期限结构模型研究与实证分析［J］．金融研究，2008（3）.

［16］胡志强，王婷．基于 Nelson – Siegel 模型的国债利率期限结构预测［J］．经济评论，2009（6）.

［17］谭地军，田益祥，黄文光．流动性补偿、市场内及跨市场“流动性转移”行为［J］．金融研究，2008（9）.

［18］王一鸣，李剑峰．我国债券市场收益率曲线影响因素的实证分析［J］．金融研究，2005（1）.

［19］郭涛，宋德勇．中国利率期限结构的货币政策含义［J］．经济研究，2008（3）.

［20］王鸣，李剑峰．我国债券市场收益率曲线影响因素的实证分析［J］．金融研究，2005（1）.

［21］杨晔．我国企业债券市场利率环境的实证研究［J］．金融研究，2008（2）.

［22］朱世武，许凯．银行间债券市场流动性研究［J］．统计研究，2004（11）.

［23］陈雯，陈浪南．国债利率期限结构：建模与实证［J］．世界经济，2000（8）.

［24］吕江林，姜光明．交易所债券市场价格波动率特性研究［J］．金融研究，2004（12）．

［25］何平，金梦．信用评级在中国债券市场的影响力［J］．金融研究，2010（4）．

［26］刘金全，王勇，张鹤．利率期限结构与宏观经济因素的动态相依性——基于 VAR 模型的经验研究［J］．财经研究，2007（5）．

［27］李宏瑾．我国中期通货膨胀压力预测——基于银行间市场国债收益率曲线的经验研究［J］．经济评论，2011（1）．

［28］靳简．干预性事件对国债收益率的影响［J］．证券市场导报，2004（5）．

［29］李彪，杨宝臣．我国货币政策对收益率曲线效应关系的实证研究［J］．上海金融，2006（4）．

［30］石柱鲜，孙皓，邓创．中国主要宏观经济变量与利率期限结构的关系：基于 VAR－ATSM 模型的分析［J］．世界经济，2008（3）．

［31］宋福铁，陈浪南等．国债收益率曲线坡度的货币政策含义［J］．上海金融，2004（5）．

［32］孙皓，石柱鲜．中国利率期限结构中的宏观经济风险因素分析——基于宏观—金融模型的研究途径［J］．经济评论，2011（3）．

［33］孙皓，石柱鲜．中国的货币政策与利率期限结构：基于宏观—金融模型的研究途径［J］．经济科学，2011（1）．

［34］徐小华，何佳．利率期限结构中的货币政策信息［J］．上海金融，2007（1）．

［35］李宏瑾，钟正生，李晓嘉．利率期限结构、通货膨胀预测与实际利率［J］．世界经济，2010（10）．

［36］刘斌．我国 DSGE 模型的开发及在货币政策分析中的应用［J］．金融研究，2008（10）．

［37］王云升，杨柳．宏观经济统计数据公布对中国金融市场影响的实证研究［J］．上海金融，2008（7）．

［38］时文朝，张强．透明度对银行间债券市场流动性变化趋势的影响［J］．金融研究，2008（12）．

［39］王茵田．中国股票市场风险溢价研究［J］．金融研究，2011（7）．

［40］陈秀梅．我国债券市场信用风险管理的现状及对策建议［J］．宏观经济研究，2012（2）．

［41］《商业银行资本管理办法（试行）》，中国银行业监督管理委员会，2012 年 6 月 7 日．

［42］杨童舒．中国政策性银行股份制改革战略选择——基于业务模式视角［J］．中国流通经济，2012（3）．

［43］王兰军，张合金．我国政策性银行的经营风险及其防范研究［J］．财经研究，2001（5）．

［44］许良．对我国政策性银行商业化运作问题的探析与展望［J］．经济学动态，2010（9）．

［45］于炳华．当前金融危机背景下政策性银行转型与职能重构［J］．财经科学，2009（5）．

［46］刘克崮．借鉴国际经验 加快推进我国政策性银行发展——哈、俄、德发展政策性银行的经验与启示［J］．管理世界，2006（3）．

［47］王伟．当代国外政策性银行发展战略的调整及对我国的启示［J］．上海金融，2007（6）．

［48］蔡国辉．论我国政策性银行改革［J］．财政金融，2011（5）．

[49] 白钦先，王伟．政策性金融可持续发展必须实现的“六大协调均衡”[J]．金融研究，2004（7）．

[50] 陈元．发挥开发性金融作用促进中国经济社会可持续发展[J]．管理世界，2004（7）．

[51] 白静．银行间债券市场发展与货币政策传导机制研究[D]．西南财经大学博士学位论文，2008.

[52] 康书隆．国债利率的风险特征、变化规律及风险管理研究[D]．东北财经大学博士学位论文，2010.

[53] 曾志坚．股票与债券市场间收益率及流动性联动关系研究[D]．湖南大学博士学位论文，2006.

[54] 赵丽琴．基于 Coupla 函数的金融风险度量研究[D]．厦门大学博士学位论文，2009.

[55] 高铁梅等．计量经济分析方法与建模：EViews 应用及实例[M]．北京：清华大学出版社，2009.

[56] 巴曙松，孙隆新，牛播坤．政策性银行商业化改革对债券市场的影响研究[M]．北京：经济科学出版社，2010.

[57] 杨玉明．信用风险评估——方法、模型、应用[M]．北京：清华大学出版社，2004.

[58] 法博齐．债券市场：分析与策略（第七版）（金融学译丛）[M]．北京：中国人民大学出版社，2011.

[59] 曹海珍．中国债券市场发展的理论与实践[M]．北京：中国金融出版社，2006.

[60] 白钦先，曲昭光．各国政策性金融机构比较[M]．北京：中国金融出版社，1993.

[61] 瞿强．经济发展中的政策金融——若干案例研究[M]．北京：中国人民大学出版社，2000.

[62] 时文朝．中国债券市场：发展与创新[M]．北京：中国

金融出版社，2011.

［63］孙泽蕤．公司债券价格与信用风险研究［M］．上海：上海人民出版社，2009.

［64］国家开发银行，中国人民大学联合课题组．开发性金融与中国债券市场创新［M］．北京：中国人民大学出版社，2007.

［65］Arinaminpathy Nimalan，Kapadia Sujit，May Robert M，Size and complexity in model financial systems［J］．Proceedings of the National Academy of Sciences of the United States of America，2012，Vol. 109（45），pp. 18338－43.

［66］Alan. Olmstead，Investment Constraints and New York City Mutual Saving Bank Financing of Antebellum Development［J］．The Journal of Economic History，Vol. 32. No. 4（Dce.，1972）：811－840.

［67］Antonio Vives and Kim Staking，Policy－Based and Market Alternatives：East Asian Lessons for Latin America and the Caribbean，Section Four，June 1997：163－182.

［68］Levine R.，Loavza N.，2000，Finance and the sources of growth［J］．Journal of Financial Economics 58，261－300.

［69］Calomiris，Charles W，and Charles P. Hinunelberg（1994），Directed Credit Programs for Agriculture and Industry：Arguments from Theory and Fact，Proceedings of the world Bank Annual Conference on Development Economics，1993：113－137.

［70］Ang A.，Piazzesi M. A no－arbitrage vector autoregression of term structure dynamics with macroecomic and latent variables［J］．Journal of Monetary Economics，2003，50：745－787.

［71］Diebold Francis X.，Monika Piazzesi，Genn D. Rudebusch. Modeling bond yields in finance and macroeconomics［J］．The American Economic Review，2005，5：415－420.

[72] Estrella A. , Mishkin F. S. The Predictive Power of the Term Structure of Interest Rates in Europe and the United States: Implications for the European Central Bank [J] . European Economics Review, 1997, 41: 1375 - 1401.

[73] Evans, C. L. , Marshall, D. A. Monetary policy and the term structure of nominal interest rates: evidence and theory [J] . Carnegie - Rochester Conference Series on Public Policy, 1998, 49: 53 - 111.

[74] Fama, E. , 1990, Term structure forecasts of interest rates, inflation, and real returns [J] . Journal of Monetary Economics, 25: 59 - 76.

[75] Goodfriend, Marvin, 1997, Monetary Policy comes of Age: A 20th Century Odyssey, Federal Reserve Bank of Richmond Economic Quarterly, Vol. 83: 1 - 22.

[76] Jack Carr and Lawrence B. Smith, Money Supply, Interest Rates, and the Yield Curve [J] . Journal of Money, Credit and Banking, Vol. 4, No. 3 (Aug. , 1972), pp. 582 - 594.

[77] Mishkin, F. S. , What Does the Term Structure Tell Us About Future Inflation? [J] . Journal of Monetary Economics, 25 (January) , 1990: 77 - 95.

[78] Mishkin, F. S. , The Information in the Longer - Maturity Term Structure About Future Inflation [J] . Quarterly Journal of Economics, 55 (August) , 1990, pp: 815 - 828.

[79] Amihud Y. , Mendelson H. , Liquidity, Volatility, and Exchange Automation [J] . Journal of Accounting, Auditing, and Finance, 1988, Vol. 3, Fall, pp. 369 - 395.

[80] Amihud Y. , 2002, Liquidity and stock returns: cross - section and time series effects [J] . Journal of Financial Markets, Vol. 5,

pp. 31 – 56.

[81] Black, Fischer, Toward a Fully Automated Stock Exchange [J]. Financial Analysts Journal, 1971, Vol. 27, pp. 24 – 30.

[82] BIS, 1999, Market Liquidity: Research Findings and Selected Policy Implications, CGFS study group, Basel, Switzerland.

[83] Chordia T., Sarkar A., Subrahmanyam A., 2003, An Empirical Analysis of Stock and Bond Market Liquidity, Federal Reserve Bank of New York Staff Reports, March, 2003, No. 164.

[84] Dothan U. L., On the term structure of interest rates [J]. Journal of Financial Economics, 1978, Vol. 6, pp. 59 – 69.

[85] Goyenko R., 2005, Stock and Bond Pricing with Liquidity Risk, working paper, Sep. 21, Indiana University.

[86] Gravelle T., 1998, Buying back government bonds: mechanics and other considerations, Working Paper, No. 98 – 99, Bank of Canada, June.

[87] Grossman S., further result on the informational efficiency of competitive stock markets [J]. Journal of economic theory, 1988, Vol. 18: pp. 81 – 101.

[88] Hasbrouck, J. and D. J. Seppi, 2000, Common Factors in prices, Order flows and Liquidity, working paper.

[89] Harris, Lawrence and Joel Hasbrouck, 1996, Market Vs. Limit Orders: The Super Evidence on Order Submission Strategy [J]. Journal of Financial & Quantitative Analysis, Vol. 31, pp: 213 – 231.

[90] Kamara A., Liquidity, Taxes, and Short – Term Treasury Yields [J]. Journal of Financial and Quantitative Analysis, 1994, Vol. 29, pp. 403 – 417.

[91] Kyle, Albert S., Continuous Auctions and Insider Trading

[J] . Econometrical, 1985, Nov. 1985, Vol. 53, pp. 1315 - 1335.

[92] Lassak G. , 1991 Liquiditüt am deutschen Rentenmarkt, in: Zeitschrift für Betriebswirtschaft, Vol. 61, 75 - 86.

[93] Muranaga J, Shimizu T. , Market microstructure and market liquidity. BIS, 1999, Working Paper.

[94] Charles F. Kramer, World Economy in Transition: Explaining the Dividend Yield in the United States , IMF, December 1997.

[95] O' Hara, Maureen, Market Microstructure Theory, Cambridge, Mass. : Blackwell Publishers, 1997.

[96] Scalia A. , Vacca V. , (1999), Does Market Transparency Matter? A case Study, BIS, Basle, Switzerland.

[97] Schwart Z. , Robert A. Equity Markets: Structure, Trading, and Performance: New York, Harper and Row, 1988.

[98] Altman, E. I, Saunders, A. , Credit risk measurement: Developments over the last 20 years [J] . Jounral of Banking&Finanee, 1997, 21 (11), pp. 1721 - 1742.

[99] Robert A. Jarrow, Credit Risk Models [J] . Annual Review of Financial Economics, 2009, Vol. 1, pp. 37 - 68.

[100] Ron Alquist, How important is liquidity risk for sovereign bond risk premia? Evidence from the London stock exchange [J] . Journal of International Economics, 2010, Vol. 82 (2), pp. 219 - 229.

[101] Lyn C. Thomas, David E. Allen, Nigel Morkel - Kingsbury, A hidden Markov chain model for the term structure of bond credit risk spreads [J] . International Review of Financial Analysis, 2002, Vol. 11 (3), pp. 311 - 329.

[102] Frank K. Reilly, David J. Wright, James A. Gentry, An analysis of credit risk spreads for high yield bonds [J] . Review of Quan-

titative Finance and Accounting, 2010, Vol. 35 (2).

[103] Norbert J. Jobst, Stavros A. Zenios, Tracking bond indices in an integrated market and credit risk environment [J]. Quantitative Finance, 2003, Vol. 3 (2), pp. 117 – 135.

后　　记

近年来，政策性银行逐步改革转型，在国际金融危机、欧债危机等国内外经济金融形势复杂多变的大背景下，政策性银行在改革转型定位、债信、资金来源、监管和考核标准等方面面临着重大挑战。本书的选题构思起源于我在金融监管部门从事政策性银行监管工作的实践，结合对经济金融理论的深入研究，形成的一些观点。当然，文中观点仅仅代表我个人作为研究人员的看法，不代表任何机构的观点。

在中国金融体系全面深化改革之际，中国银行业监督管理委员会纪委书记、党委委员杜金富作为分管政策性银行监管工作的领导，对政策性银行的改革转型问题非常关注，对本书给予了耐心细致的指导。银行监管四部沈晓明主任也对本书的写作给予了精心指导，对部分章节大至观点敲定，小至文字润色、词语标点等一一斧正。银行监管四部的其他领导和同事们在本书撰写过程中也给予了很多帮助和指导。在此，谨向帮助过我的领导和同事们表示深深的谢意！

中国金融出版社的编辑戴硕、肖炜等为促成此书的出版做了大量工作，在此表示诚挚的感谢。

鉴于改革转型中的政策性银行金融债券研究问题是一个庞大的系统性研究课题，涉及政策性金融体系、金融债券、债券市场、金融监管等诸多领域，由于本人水平所限，书中难免出现疏漏与不足，还望广大读者不吝批评指正，以便不断改进和完善。

陈剑

2014 年 4 月